山縣太一＋大谷能生

身体《ことば》と言葉《からだ》

舞台に立つために

山縣太一の「演劇」メソッド

Taichi Yamagata + Yoshio Otani

BODY《WORD》 AND WORD《BODY》

新 曜 社

みなさん、こんにちわ。はじめまして。
山縣太一です。身体はくだり坂。
心は地盤沈下。そんな僕も
生活をしています。そうじもします。
洗たくもします。演劇もやります。
どれもドレミファそんなに好きでは
ないけれど僕にとって身体で
生きている事の大切な証明
です。誰もが身体を使って生きて
います。言葉の葉っぱも身体から
生えます。そして演劇では
言葉と身体は音や明かりや

舞台美術よりも大事なんです。
そんな僕のたどりついた演劇
の可能性を本にしました。
この本は僕の演劇のパートナー
僕の表現の理解者。である
大谷能生さんといっしょに
作りました。大谷さんの
身体が言う。太一_NOを捨てろ
身体で生きようと。

太一
(40)

もくじ

第三章 「オフィスマウンテン」作品について

脚本

身体《ことば》と言葉《からだ》

舞台に立つために　山縣太一の「演劇」メソッド

第一章 山縣太一の演劇メソッド――その十か条

山縣太一の演劇メソッド――その十か条

一、稽古に入る前に戯曲は完成させておく。

これは当然です。これが演劇です。

戯曲は踊りながら書いています。

二、脚本は頭からお尻まですべて覚える。

自分のセリフだけ読んだりしない。

書かれている言葉の上をまっすぐ歩かずに、迂回するように覚える。

三、自分で自分の身体を見る。身体の言葉を見つける。

他人の身体と比較しない。

日常の身体を不思議がる。

四、人前に立った身体と言葉を自覚する。

脚本からそれぞれが振り付けを作る。

日常の身体から、言葉を使って距離を取る。

五、稽古は最低三か月は必要。

即興では作り出せない「安定した不安定」を作るために。

アルバイトのシフト予定をちゃんと組めるように。経済は大切。

六、異常事態としての「演劇」を自覚し、「嘘」は可能な限り減らす。

「あるもの」を「ないもの」にしたり、「ないもの」を「あるもの」にしない。

演劇は「一回切り」の出来事を「繰り返す」というフィクションである。

七、想像力で足を地に着ける。

毎回ゼロから作品を立ち上げる。

フィクションは身体を通過して前にある。

八、「上演」することがもっとも効果的な演劇の形態である。

俳優は言葉による権力、沈黙、そして「恥ずかしさ」に自覚的であれ。

人間はまだ「書き言葉」をうまく使うことができていない。

九、俳優は演劇のすべてに関わる。

俳優には、作品を自分のものとして創作する権利と義務がある。

演劇は「人が集まって何かを作り上げる」ことのモデルとなり得る。

十、その他。上演日数、音楽、照明、美術などについて。

俳優を自分の仕事に集中させるための環境を作る。

俳優それ自体が美術であり、その身体が衣裳である。

一、稽古に入る前に戯曲は完成させておく。

これは当然です。これが演劇です。

戯曲は踊りながら書いています。

これまでぼくが書いた《オフィスマウンテン》公演の戯曲は、すべて稽古がはじまる顔合わせの少なくとも二か月前には書き終えて、俳優に渡しています。稽古をはじめるための暫定的な、いわゆる「スタート台本」ではなく、最後のシーンまで完成させた脚本です。

ステージ上で使う言葉は、稽古中に役者の身体を見ながらどんどん変更しても構わないとぼくは思いますが、結果として、これまでのオフィスマウンテン作品は、最初に書いた脚本をほとんどそのまま使うかたちで上演されました。

でも、むしろ俳優には、自分で言葉をどんどん書いてほしいんです。二〇一八年に上演した『能を捨てよ体で生きる』では、ぼくが書いた脚本に追加して、矢野昌幸に一場面、セリフを書いてもらいました。そのシーンは劇中では最終的に、横田遼平が発話する場面になりました。

バンドでたとえるなら、ギターと鼻歌で作ったデモテープとかではなくて、ドラムやベースの部分までがっちり作ったいわば譜面を最初に用意することで、俳優がじっくり作品と取り組む時間的余裕を確保したいんです。

自分の発話する部分だけをあわてて覚えるのではなくて、繰り返し何度も戯曲を読んで、その全体像を把握しておいてもらう。ひとりひとりが稽古が始まる前にまず自分で、この作品においてできることや、自分がやらなければならないことを考えておいてもらう。俳優の能動性を第一に考えるぼくたちの作品において、こうした準備は必須のものです。

古典作品を演じるときはともかく、オリジナルの新作を上演する際に、特に脚本と演出とをおなじ人が担当する現場では、脚本が完成しないまま稽古がはじまることがよくあります。

脚本と演出を同時に担当する人を、この本では以後「作家」と呼ぶことにしますが、作家の多くは稽古に臨んで、むしろ脚本、つまりセリフを完成させている場合のほうがめずらしい。

戯曲ができていないまま稽古場に入り、とりあえず俳優に作りかけのシーンを演じてもらって、それを見ながら少しずつ脚本を書き足して、修正して——というような稽古場での作業がなければ、舞台で使う言葉を固められない作家もたくさん存在します。

これは一見、作家と俳優との共同作業のように見えるかもしれませんが、実際は作家が俳優を一方的に利用して、自身の想像力の欠如を補っているようにしかぼくには思えません。俳優は未完成の脚本を現場で渡されて、何の演技プランも持てないいままそれを繰り返しさまざまな言い方で言わされて、ダメ出しまでされて、(ちなみにオフィスマウンテンの現場では「ダメ出し」という行為も、その言葉すらありません)、本来ならば作家が完成させておくべき戯曲の制作に奉仕させられます。

これは稽古時間の無駄使いであり、そして結局、使う言葉の最終判断は作家が行うということで、俳優には徒労感ばかりが残る搾取的な作業です。こういったやり方でなければ戯曲を完成させられないということであれば、その作業に参加した俳優の名前も「脚本」のクレジットにきちんと加えるべきでしょう。

どうしてこういう状態になってしまうのか、と考えると、ひとつは、作家が俳優を、自分と同じ「言葉」を持った「芸術家」だと考えていない、というところに原因があるのではないかと思います。

自分だけがこの作品の「言葉」を作り、その管理をしているのだ、という自負が作家にはあるのでしょう。しかし、それならば、書き言葉だけで作られた、俳優の仕事を抜きにしても成立する小説や現代詩といった文字の芸術で十分ではないでしょうか。

小説や詩には、書かれた状態だけで完結するような方向で伸ばされている、身体を抜きにしても読み応えがある言葉がたくさん繁茂しています。もちろん、演劇に携わる人間はみな、そういった言葉に関するセンスも育んでおくべきです。しかし、このような文学的な想像力を中心に書かれた戯曲は、たとえば人物が五人出てくる場合、それを書いた作家の五分の一ずつの俳優が五人いる、というような上演になってしまうことが多い。演劇は、出演している人間がすべて一分の一であるべきです。

戯曲は、それを俳優が演じることを通して演劇となります。そして、俳優は戯曲から、自分が発話するセリフだけでなく、舞台の上の自分の身体に与える「振り付け」のための言葉も得ることができます。

詳しくは「三、自分で自分の身体を見る。身体の言葉を見つける」および「四、人前に立った身体と言葉を自覚する」の項で述べますが、自分の身体に戯曲の「言葉」が与える影響を精査しながら、その作品に対する自分固有の「身体」を作り出すこと――これは単に「セリフを覚える」といったこととはまったく異なった、俳優のもっとも創造的な作業のひとつだと思います。「『お客さん』という人前で発話する」という「異常事態」にある「俳優の身体」と、紙の上に書かれた「言葉」をどのように結びつけるか。稽古場や舞台の上だけでなく、戯曲を書く段階においても、ぼくはこうしたことを強く意識しています。

戯曲を書きながら、ぼくはまず自分の身体が、いま書いた目の前の言葉からどのような影響を受けるかを感じて、実際に動いてみます。

動いて、踊ってみる。踊りながら書く。書きながら踊る。書きながら、踊って出てきた動きをふたたび言葉にして戯曲に取り入れたり、いろいろと入れ替えたり、展開させたり……そんな風にして、ぼくは自分の戯曲を実際に何度も、「上演される身体」に出会わせながら書き進めます。書きながら何度も自分で自分の身体で上演して、自分でその言葉と身体の関係を十分に吟味して、いわば、ほとんど味がなくなるまで噛み締めてから、俳優にそれを渡す。ここから先が稽古場での作業になります。

稽古前に戯曲を完成させることのできない作家の多くは、このような「踊りながら書く」作業ができないのではないかと思います。書き言葉を自分で舞台の上に乗せることができない。だから稽古場が、自分が書いた言葉がはじめて「身体」と出会う場所になってしまうのでしょう。

書きながら、自分で実際にその言葉に「身体」を与えてみる。このようなやりかたで書いてゆけば、目の前に俳優がいなくても、作家一人だけで十分に、舞台の上で起こる出来事を射程に入れて、戯曲を書き上げられるのではないかと思います。舞台上における俳優の仕事を増やし、彼ら・彼女らにその個性を十分に発揮してもらうためにも、戯曲は早めに書き上げて俳優に渡せるといいと思います。

二、脚本は頭からお尻まですべて覚える。

自分のセリフだけ読んだりしない。

書かれている言葉の上をまっすぐ歩かずに、迂回するように覚える。

これはもちろん、脚本が稽古に入る前にすでに出来上がっていることを前提としての話ですが、俳優は自分のセリフだけでなく、そこに書かれているすべての言葉を覚えるまで脚本を読み込んで稽古に臨むことがベストです。

どれだけセリフの少ない役でも原則は変わりません。このことは本来、「ベスト」ではなく「ベーシック」であり、俳優の仕事は最低限、ここからはじめるべきだとぼくは思っているのですが、現状はまだまだそうなっていない。なるべく早くこのスタイルが常識になってほしいと思います。

そうならない理由は、前項でも述べましたが、稽古場でしかセリフを書けない（書かない）作家が多いので、そもそも「他の俳優に対して書かれた言葉」を覚えておくような時間的余裕が俳優に与えられていない、ということがあります。稽古中に自分の台詞もどんどん変わったり、増えてしまったりというわけで、一つ一つの言葉に長く付き合うことが難しい。これでは俳優が「言葉」の力を自覚的に伸ばしてゆく余地がありません。

そしてもうひとつ理由があるとすれば、それは端的に俳優の自覚の問題です。自分のセリフの響きが、その前後の言葉の配置とどのように関連付けられているのか、作品全体を通して、この言葉はどのような響きを与えられるように置かれているのか——こうしたことを俳優ひとりひとりが自分自身で精査することで、上演のクオリティは格段に上がります。しかし、多くの俳優はこの作業を演出家に一任してしまいがちなのです。

俳優は演出家に対してではなく、まずは自分自身に対して発話し、自分の言葉が自分に対してどのような影響を与えているのかを、綿密に観察する必要があります。このような作業からはじめて、俳優は、演出家に任せることなく、自分自身で自分の言葉を作品のなかに位置付けようと試みなくてはならない。そのためにも、つまり、最初から最後まで作品を知っている身体で舞台に立つために、自分が発話しない言葉を身体に内包するように、脚本の読み込みはそれぞれが可能なかぎりの時間をかけておこなわれるべきだと、ぼくは考えています。

セリフを覚える能力には個人差がありますので、とりあえずまずは自分の発話する部分からはじめて、稽古中に少しずつ増やしてゆくカラダで構いません。覚えるにあたっては、声に出さずに、黙読のかたちで、言葉を自分の身体と一旦切り離したところに置くことを意識してください。

声に出して覚えるのなら、棒読みの状態で練習しましょう。たとえば、「きどってんじゃないわよー!」といった言葉があったとしても、まずは棒読みで発話する。感情を込めた状態で覚えてしまうと、言葉に含まれている微細な情報が消えてしまいます。

紙の上に書かれている文字自体には身体がありません。文字と身体は、根本的な原理が違うのではないかと思うほど、遠くにあるものです。しかし、その距離を誤魔化してはいけない。遠ければ遠いほど、そのあいだに飛ばすことの出来る火花の電圧は高くなるのです。

とにかく時間があるかぎり、繰り返し最初から終わりまで脚本を読んでください。その時に、単に丸暗記するのではなくて、たとえば、「わたしの話を聞いてくれる？」という言葉があった場合、「わたし」「の」「話」「を」「聞いてくれる？」の、その「の」や「を」の部分、いわゆる「助詞」を意識するようにしてみてください。

「ぼくが」「ぼくの」「ぼくは」の「てにをは」の部分は、日本語の特性に従って省略したり、その前後を入れ替えたりすることが出来ます。その一文で伝えようとする意味が同じだとしても、語順と助詞が変われば、次に続く言葉との関係性が変わってきます。

助詞と語順は、実際、舞台でも間違いやすい部分です。大谷能生さんは、セリフを覚えるときには冒頭からノートに全部書いてみるそうですが、書き間違えるのはだいたい「てにをは」に関する部分が多いそうです。

間違えたり、思い出せなくなったりすると、原文を確認して、それでもう一度頭から書いてみる。そういうことを繰り返しているうちに、「なんでここ、こういう間違いやすい表現になってるんだろう？」という疑問が生まれて、「これ、入れ替えたら意味が変わるかな？」とか「自分がこれを間違えやすいのはどうしてなのか？」といったかたちで、自分なりに曲がりくねった道を通ってセリフを覚えてゆくことになります。

書かれた言葉をそのまま真っ直ぐに歩かないで、立ち止まったり、迂回したりするように読んで、その迂回路を記憶しておく。そうすることで、書かれた言葉に含まれている可能性の広がりを抱えながら、舞台に立つことが可能になります。俳優はこのように、自身の言葉をつねに複数の意味に開いてゆくことを、稽古の段階で試みておく必要があります。

俳優は脚本を何度も読んでその内容を知っているので、基本的にセリフの意味は発話すれば通じるものだと思いがちですが、観客は初めてその言葉を聞いています。観客は、文脈を判断するところも含めて、舞台上に発生するさまざまな言葉の意味をその場その場で探りながら聞いていきます。

普通の会話だと、意味が相手に通らなかった場合は、もう一度言い直したり、言い換えたりすることが当たり前です。しかし、俳優は客席に対してそういうことができるとは考えていないと思います。別にぼくはやってもいいと思うのですが、このような「言葉の意味が伝わらない」という事態を怖れて、俳優は本番公演中、だんだん舞台上での発話を「意味が伝わる」方面に向けて安定させてゆく傾向があります。

脚本全体を読んで覚えておくことは、自分の発話するセリフが「作品」のほかの言葉の響きとどのように絡み合い、どのような意味のなかで「聞かれる」ことになっているのかを、観客の立場から考えることにも役に立ちます。他のシーンでおこなわれてる発話のなかに、自分の言葉はどのように反響しているのか。このように考えるならば、他の俳優の言葉はとても大きな迂回路として使うことができます。その道を経由してから、ふたたび自分のセリフを歩いてみることで、これまでとはまた違った風景が見えてくるはずです。

このような稽古を通して俳優は、繰り返し発話される言葉を、観客と同じように、毎回その情報がどちらに向かうか把握しきれない現在形の出来事として扱う自信を得ることができるのです。

言葉を全部覚えたうえで、発話する時に(台詞が)身体のどこに触れるのかをさまざまな角度からさぐり、そしてそれを繰り返すことで、身体の表現の強度を上げてゆく。大変な作業ですが、こうしたことが可能な人こそが俳優です。作家よりも一回でも多く戯曲を読み、セリフを「言わされる」のではなく「言う」状態の稽古を続けましょう。

蛇足かもしれませんが、多分、映画においてはこのような「脚本をすべて覚える」といった作業は必要ありません。映画では、舞台上の情報は、つまり、画面に映されている情報の行く先は、撮影が終わったあとに映像を編集しながらおもに監督によって設定されてゆくことになります。

しかし、演劇の舞台においては、このような編集作業はリアルタイムで、俳優の言葉と身体によっておこなわれなければなりません。カット割り、ズームアップ、スポット、移動撮影……その他すべての効果をおこなう権利を、舞台上の俳優の身体は持っているのです。たとえば小津安二郎の映画でカットされている部分が、ぼくたちの表現にはすべてあります。

三、自分で自分の身体を見る。身体の言葉を見つける。

他人の身体と比較しない。
日常の身体を不思議がる。

オフィスマウンテンでは、たとえば、ワークショップやはじめての稽古の時などに、俳優の一人一人に、今朝起きてから稽古場に来るまでの自分の行動を、みんなの前に立って話してもらう、といったことをおこないます。これはチェルフィッチュの稽古のウォーミング・アップでもやっていたことですが、オフィスマウンテンでは「セリフを言う身体」と日常の無責任な言葉と豊かな身体を比べてもらうことを重視します。

覚えた脚本を発話する稽古の前に、まずは自分の声で、自分の言葉で、今日の自分の出来事を話してもらう。俳優は前に立って、何時にどのように起きたのか、ご飯は何を食べたのか、駅ではどんなことがあったのか、そういえば昨日はバイトでこんなことがあった……というようなことを話して、みんなに伝えます。ひとしきり話が終わると着席して、次の人の番になるのですが、次の人はまず、自分のことを話す前に、前の人が話したことを、その時の身振り手振りや言い回しも含めて、思い出せるかぎり正確に再現してもらいます。もちろん、その二人は年齢も、体格も、時には性別も違いますので、身振りや話し方はまったく同じにはなりません。真似して話す作業は人によって得手不得手があって、いま見て聞いた内容なのにまったく再現できない、という人もいます。そもそも、特に意味のある話ではないので、もう一回同じことを同じように話すのは本人でも難しい。

この作業は、再現すること自体が目的なのではなく、不特定多数の人に何かを伝えようとしている「身体」と「言葉」が、本人はそれに無自覚なまま、どれだけさまざまな情報を発信しているのか、ということを理解するところにあります。

みんなでその再現を見ながら、自分が覚えている動きを指摘したり、抜けている話を追加したりして、何度か繰り返して確認します。それが終わったら、今度はその人が自分の今日の話をして……以下、全員分これを繰り返します。

今日の朝あったことを思い出しながら、ついつい身体が動いたり、話しながら腕を回したり、大きさをあらわすために手を広げたり、特に意味もなく膝を触ったり……また、言葉の方も、「あー」とか「うん」とか、話の内容とは特に無関係な言葉を挟みながら、出来事の前後の伝え方も逆になってしまったり、などなど。このようにぼくたちは、「自分の出来事を語ってもらうこと」そして「それを他の人が再現すること」を通して、自分の身体が意識しないまま多くの情報を発信していること、そして、その発信の仕方には個人差が大きくあることに気がつくことができます。

話しながら無自覚におこなってしまう身体の表現は、ひとりひとりまったく異なっている。ぼくたちは他人が自分の真似をしている姿を通して、むしろ逆に、「ひとつとして同じ身体はない」ということを目の当たりにするのです。

この固有性が、演劇作品を作るための身体の基盤になります。俳優は、稽古場以外の場所でも、自身がおこなっている行為を自分で観察して、できるならばその動きを「他人」の視点から再現してみるという行為を通して、自分の日常の身体が普段どのような表現をおこなっているかを発見しては、それをまた疑ってみてくださ い。このような作業を進めるうちに、それまで漠然と自分で思っていたイメージとはずいぶんと異なった「自分の身体」と出会うことができるはずです。

それはずいぶんと不思議なものであるかもしれません。自分にしかないものは、他人とは比較して考えることができないものなので、なかなかその存在を納得することが難しい。しかし、やはり、ぼくたちにはそれぞれ固有の身体が備わっているのです。

このような俳優の固有性は、「人前で話す」という「異常事態」にあって際立ちます。舞台に上がるということはこのような「異常事態」を経験するということにほかなりません。稽古でおこなう作業は、共演者や演出家とともに、何度も繰り返し、「話している身体」や「見られている身体」に表れている「異常事態」を確認し、各人がそれを理解し、共有することです。

この項で取り上げた稽古とは、その最初のステップです。ここで見つかったそれぞれの身体の動きを、共演者全員であらためて確認し、その一つ一つを実際に立って動いて、話の内容とは切り離した状態で再現してみる。伝える内容が消去され、他人の身体に移された「動き」は、オリジナルの状態とはまた異なった情報を持った「振り付け」として扱うことができるようになります。作品に対して俳優がおこない得る、こういった日常と非日常の境目を往復するような「振り付け」は、きわめて繊細で、壊れやすく、変化しやすいものなので、とりあえずそれに何か名前をつけて、みんなで共有できるものとして保存しておく――このような作業を通して、稽古場では「誰かの身体から出てきた運動」を「振り付け」として使えるものにしてゆきます。

他人に見られていないと出てこない身体というものは確実に存在していて、それは自分だけで作ることはできない、そして、厳密にコントロールすることは不可能な、不安定な、不安なものです。しかし、そうした不安定さにこそ固有性は宿ります。稽古では、何度も繰り返し、さまざまな角度から俳優にこのような不安定な状態を経験してもらいます。

と同時に、そこからあらたに言葉を引き出し、言葉でもってそれらを同定して、作品のなかでみんなが使える「振り付け」にする。オフィスマウンテンにおける「演出家」としてのぼくの役割は、このように、俳優から表れたものの固有のものを見て、本人が気がついていないならばそれを拾って、渡して、みんなで一緒に確認するための言葉を捜して、俳優が作品のなかで表現できる身体と言葉のサポートをすることです。

四、人前に立った身体と言葉を自覚する。

脚本からそれぞれが振り付けを作る。
日常の身体から、言葉を使って距離を取る。

日常の自分の身体を観察して、そこに表れている特殊性を確認する。稽古場で人前に立つ、という「異常事態」の中で、自分の身体から出てくるものを確認する。——このような作業によって身体への感覚を高めると同時に、稽古場では「戯曲」を使った稽古に入ります。

オフィスマウンテンでは、まずは一人ずつ個別に立ったまま、自分のセリフを棒読み状態で言ってもらいます。その台詞が自分の身体と思考にどのような影響を与えているかを十分に感じながら発話してもらい、セリフがワンシーン分終わったあと、「いま、この言葉の時にこういう動きが出てきそうだった」といったことを、ぼくあるいはほかの人間が指摘し、確認して、たとえば「もうちょっとその動きを繰り返し続けて」とか「もうちょっと大きくして」といった意見が出たらそれを反映させて、ふたたび発話してもらう。そのような作業を繰り返して、身体から出てくる動きを「振り付け」として取り出していきます。

たとえば、二〇一五年の『海底で履く靴には紐がない』の初演の稽古の際には、冒頭の、〈ちょっと、ちょっと、手を止めて話を聞いてくれる?〉というセリフに対して、まず大谷さんから「両手の掌をぐっと押し合う」という動きが出てきました。

この動きはおそらくシンプルに「手を止める」というイメージから身体に立ち上がってきたものだと思われます。ぼくたちはその動きと発話を繰り返し組み合わせ、その時に上半身の状態と下半身の状態がどうなっているのかを観察して、まずは手の状態と胸、横隔膜、腰、下半身のそれぞれを分けて捉える状態を作りました。

その後、押し付けあっている左手と右手の関係、手首、ヒジ、上腕、肩などを意識しながら、あらためて何度かセリフを稽古しているうちに、その手が押し付けあう状態から揉み合うかたちに変化し、そのまま前で拳を揃えて何かを巻き取るような動きが出てきました。

この動きを後から大谷さんに確認したら、「話を聞いてほしい」→「居酒屋のカウンターで注文しているのに大将が聞いてくれない」↓「おしぼりで手を拭く」↓「鉄火巻きを注文する」↓「手巻きじゃなくて細巻きで、ということを確認する」↓「猫がじっと黙って耳を伏せて座っている」……といった戯曲に書かれた言葉によるイメージの連鎖から引き出されてきたものだということです。

おそらく、この動きが生まれてきた手順としては逆で、まずはセリフを言いながら動いてみて、その際に身体が繰り返してしまう動きを「これはなんだろう?」と考え、大谷さんが独自に言語化して、それを拡大してみたりして、そこから事後的にイメージが形作られたのだと思います。

このイメージの連鎖の中には、この動きが出てくるシーンよりも随分あとのシーンで登場する、「居酒屋」、「注文」、「おしぼり」といった言葉やイメージが含まれています。これはおそらく、戯曲を読んだ際に記憶に残っていたイメージであって、そうしたものがシーンを飛び越えて、「手」という記号を媒介にして、ここでもう「振り付け」として身体に現動化して表れてしまっているということだと思います。

この一連の「振り付け」を採用しながら、ぼくたちはさらにそれを細かく分割し、戯曲のなかにある言葉に対応するような「振り付け」を、両手、両足、上半身、下半身などにバラバラに作っていきました。

たとえば、左手は「邪険」＝「蛇拳」＝「この手が犯人」の系譜のイメージからもたらされる振り付け、右手は「入店」＝「入国」の振り付け、下半身は「ホバリング」……などなど。実際に発話されるセリフと、そのセリフから引き出されてきた動きと、その動きから発想されたまたあらたな「言葉」と「イメージ」を、稽古で増やしながら、戯曲の言葉を立体的なものとして立ち上げられる状態を作ってゆく。


こうした作業の基盤になっているのは、俳優の、ここでは大谷さんの身体の固有性です。歴史性といってもいいかもしれません。そしてもう一方の基盤は、戯曲の言葉です。戯曲の言葉が、俳優の身体を分割し、それぞれを別な方向に駆動させてゆく。たとえば、括約筋など、日常では意識しない部分が「話を聞いてくれる？」という状態を受け持ち、同時に鼻と肩が「アコム」を探している、というような——要は、発話しながら、身体のさまざまな場所が、そのセリフによって少しずつ違う方向を向いているという状態を作ることが、演劇でなら可能になるのです。

身体を構成している肉体の各部分は、生命を維持する必要から、それぞれがじつに緊密に結び付けられています。外部から与えられた刺激に対して、常にある一定の状態を保つための機能が身体には備わっている。舞台に立つという異常事態にあってもこの恒常性は働いているわけですが、一方で、「言葉」というものは記号ですから、数字と同じように増やしたり、減らしたり、入れ替えたり、細かく割ったり……といった操作を自由に、容易におこなうことができます。

むしろ操作性こそ「言葉」の原理であって、例えば「目」と「耳」の場所を入れ替える、という作業は、肉体においては不可能ですが、書き言葉の中では簡単におこなうことができます。

これは、ぼくが師事した手塚夏子さんというダンサーのワークショップで学んだことの展開形なのですが、「目」や「耳」を示したワッペンをヒジや胸といった別の場所に貼り、その場所をその機能が働いている部分と見なして動いたり、話したりしてみる、といった稽古をおこなうことがあります。もちろん、胸で音を聴くことはできませんが、「耳」という言葉をそこに貼り付けることで、「聴く」という行為と「耳」という言葉を分割して、その関係性をあらたに構築してみることができます。なかなかバラしにくい身体というものを、言葉という「編集可能」なもので日常とは異なった状態に置いて、その動きの特徴をあらためて確認してみる。言葉は身体に対して、このようにも使うことができるのです。

発話される言葉とは別に、戯曲の言葉と身体が出会うことで生まれる複数の「振り付け」をさまざまなに組み合わせた、身体のための脚本を俳優がそれぞれ独自に作ること。

戯曲の言葉はすでに書かれ終わったものであり、その発話は日常の会話と異なり、舞台上で何度も繰り返されます。この繰り返しを、毎回毎回「身体の脚本」というべきものと出会わせることによって、俳優は自身の発話をつねに現在形の作業としておこなう情報の量を保ち続けることができます。

このような状態にある身体は、常にしっかりと戯曲の言葉に結びつけられています。そしてそのような身体は、発話していない時でも十分に雄弁であることが可能です。こうしたことができるようになることこそ、俳優の「役作り」なのではないでしょうか。このような「役作り」は、オフィスマウンテン作品以外のどのような「戯曲」であっても、可能な作業だと思います。

言葉によって動かされる身体を観察し、身体によって生まれる言葉を蓄えて、それらをもっともこの戯曲に相応しい状態で組み合わせ続けること。互いの言葉と身体を観察し、修正し、確認しながら、稽古場ではこのようにして作品が作られてゆきます。

余談ですが、ダンサー、特にコンテンポラリー・ダンスのダンサーたちにとっても、このような言葉の使い方は役に立つものなのではないかと思います。動く前に、まず自分の身体を言葉で確認する時間を持つ。振り付けする自分と、振付けられる自分とのあいだに、言葉でもって隙間を作る。日常の身体を確認しながら、作品が自分に近寄ってくるまでの時間を作る……などなど、ダンス作品においても、言葉を使ったさまざまな稽古が可能であると思います。

大谷さんは、亡くなった舞踏家の室伏鴻さんと何度か作品を一緒に作っていて、ぼくも一度だけ一緒に舞台に立たせていただいたことがあるのですが、「舞踏」においても、「身体」と「言葉」の関係を探ることはとても重要な作業なのだということを、室伏さんの作品を体験しながら感じました。重さのなかにも軽さがある、日常の動きを抽象化することで作られる「舞踏」から、ぼくも大きな影響を受けています。

五、稽古は最低三か月は必要

即興では作り出せない「安定した不安定」を作るために。
アルバイトのシフト予定をちゃんと組めるように。経済は大切。

演出家に言われたことをただ再現するのではなく、自分の身体のなかにたくさんの情報を抱えたまま舞台に上がり、はじめて見る観客と一緒に作品を毎回ゼロから立ち上げる、という作業はとても大変なので、自信を持ってそれが「繰り返せる」と俳優が思えるようになるためには、たくさんの稽古の時間が必要です。

ところが近年、作品を作るための稽古の時間がどんどん短くなっている傾向があります。これは俳優にとっては本当に迷惑なことで、作家や制作側の都合で稽古時間が短縮されるようなことがあってはなりません。中途半端な稽古のままステージに上げられてしまい、その責任やダメージを負わせられてしまった俳優をぼくはたくさん見てきました。こうしたことはもうこれから起きないようにしたい。

稽古場所をどのように確保するかについては、多くの小劇団にとって共通の問題だと思います。しかし、首都圏とそれ以外の市町村とではずいぶん状況は違うと思いますので、ここでは触れずに、稽古の期間と進め方、やり方などについてぼくが考えていることをまとめてみたいと思います。

経験上、本番初日から俳優が全力を出して上演に臨むためには、そのおよそひと月前には「通し稽古」をはじめておく必要があります。そこから逆算すると、やはり、稽古期間は最低でも三か月、できれば四〜五か月間は確保したいところです。

稽古の回数は、オフィスマウンテンでは「週に二回」を基本に考えています。一回の稽古の時間は、長くても四時間。できれば二時間から三時間で切り上げるべきです。それ以上の時間は俳優の肉体的負荷が大きくなり、また、集中力や想像力もそのあたりが限界で、それ以上の稽古は単に疲労が残るだけです。早めに集合して早めに解散し、アルバイトのシフト予定にも迷惑をかけず、俳優の日々の生活になるべく負担をかけない。――このような稽古が望ましいと思います。

俳優の演技を見ながらセリフを書く作家にとっては、「稽古場＝自分の言葉が書ける場」なので、なるべく長く全員が稽古場に居て、繰り返し自分が書いたセリフを俳優に言わせて確認したいと考えるのは当然のことかもしれませんが、それにえんえんと付き合わされて、正解も不正解もないままメンタルもフィジカルも磨り減らされる俳優こそいい面の皮です。

稽古場でおこなわれるべきことは、稽古に来る前に自分で作ってきた「言葉」と「身体」との関係を、他人の視線にさらすことで吟味してみるという作業です。煮たり、焼いたり、水にさらしたり、凍らせたり……と、思いつくかぎりの可能性を繰り返し試して、持ってきた素材の味がなくなるまで、みんなでしゃぶりつくす。

一回やってみて上手くいったと思うことでも、それを繰り返しているうちに、ただ形をなぞるだけになってしまったりして、そうしているうちにどんどん鮮度が落ちて使えなくなったりすることもあります。このような不安定さは単に稽古不足から来るものであって、戯曲の言葉を理解し、改めて自分の身体と出会いなおすために、俳優はさまざまな角度から自分の身体と言葉を、稽古において出会わせ続けなければなりません。

一回切りのことは、どのようなものでも大抵は面白く感じることができます。日常の会話と同じく、それはそれをやっている本人ですらどこに向かうか分からないものだからです。しかし、「演劇」は繰り返されるものです。「繰り返される」という時点でフィクションです。ぼくたちは「何かを繰り返すことができる」というフィクションを、可能な限り魅力的なかたちで上演したい。そのために選ばれている素材として、何度読んでも変わらない書き言葉としての戯曲と、それぞれに個性的な情報を抱えた、生きて死ぬ一回切りの身体を持った俳優が、舞台には存在しています。

この二つをどのように関係させるか——その可能性は無限大にあります。だからこそ、稽古場においては、できる限りの組み合わせを試みて、舞台の上で、どのような状態にあってもベストを目指せるプランを練っておかなければなりません。

稽古場には作家がいて、共演者がいます。往々にして一度しか作品を見ることができない観客と彼らとの違いは、なんども舞台を繰り返す、その繰り返しの作業自体を共有していることです。彼らは共演者であると同時に、何度も同じ作品が立ち上がる瞬間を目撃し続けた「最初の観客」でもあります。この共有の経験が、毎回が「一度切り」の本番の舞台においても、俳優がおこなうべき仕事の支えになるのです。

いわゆる「通し稽古」の本数は、多ければ多いほど効果があると思います。実際、オフィスマウンテンではかなり早い段階から「通し稽古」を稽古のメインにおくようにしています。

とにかくまず通してみて、そこであらわれた事柄を俳優自身がチェックする。演出としてのぼくの役割は、とにかく俳優の身体を見てあげることと、そこに変化があった場合、それを指摘してあげることくらいです。

言葉に対する意識が薄くなっていたり、身体に与えている情報が少なかったりする場合でも、直接的にその部分だけに限定して練習することはほとんどありません。単に何度も、実際のシーンをまるごと繰り返してみて、そのなかで起きていることを俳優自身が考えて、理解してもらう。これは本番に入ってからも同じなのですが、とにかく俳優本人が、自分の身体と言葉により意識的になるのを待ちます。

一回の稽古時間を減らし、また、次の稽古まである程度間隔を空けるのは、稽古でやったことを日常の空間のなかにフィードバックさせて、舞台上での出来事を日常の身体と比較して考えるための時間を長くとるためです。稽古時間は必ず必要ですが、稽古場から離れ、そこで試みたことを異なった身体で眺めてみることも必要です。作品作りのスタートにあった、俳優固有の豊かな身体から離れすぎないように気をつけなければなりません。

通し稽古を繰り返して作り上げたものを、本番までのラスト一か月をかけて、俳優一人一人がそれぞれ細かく見直して、また最初から組み上げてゆく。このような繰り返しによって、俳優たちは「安定して不安定」な状態で作品に臨むことができるようになのです。ここまできちんと作業をしなければ、とてもお金を払って観客に見てもらえるような作品にはなりません。

また、稽古にあたって「見学者」がいることは、稽古中の俳優に対して強い効果を与えるので、奨励されるべきことだと思います。二〇一八年からオフィスマウンテンでは、俳優ではない馬場祐之介、岡田勇人、萩庭真の三人を、稽古に立ち会ってその進展を目撃する「最初の観客」として、俳優と同じく公式のメンバーとして迎えています。

六、異常事態としての「演劇」を自覚し、「嘘」は可能なかぎり減らす。

「あるもの」を「ないもの」にしたり、「ないもの」を「あるもの」にしない。
演劇は、「一回切りの出来事」を「繰り返す」というフィクションである。

演劇はいろいろな「嘘」によって支えられています。しかし、その「嘘」の数は減らすことができるし、可能な限り減らすように努力すべきです。

「嘘」の意味を、「人を騙すための、事実ではない言葉」と限定するならば、演劇は別に「人を騙そう」と思っておこなわれているわけではないので（そういう演劇もあるかもしれませんが）、これを「フィクション」と言い換えてもいいかもしれません。しかし、それでは「想像によって作られるもの」が「演劇を支えている」という意味になってしまい、これでは当たり前過ぎて何も言ったことにならないので、ここでは、「そんなことあるはずがないと分かっているのに、あるってことにしている」、またはその逆に、「あるのにないってことにしている」という状態を指して、「嘘」という言葉を使いたいと思います。

何度も繰り返したとおり、舞台上で起こる出来事は、日常ではあり得ない異常事態です。そして、ここでまず確認しておきたいのは、「異常事態」であるということは「嘘」であるということとほぼ無関係だということです。

たとえば、飛行機に乗るという行為は、ある人にとっては「異常事態」かもしれませんが、それは嘘とは関係ありません。同じように、人前に立って戯曲のセリフを言うという行為は「異常事態」ですが、それ自体は「嘘」とは無関係です。しかし、その「異常事態」を「そうではない」ものとして作業を進めようとすることは、嘘です。

同じように、作家が戯曲を書くこと、それを俳優が上演すること、それを観客が見ることなどなども、それぞれ異常事態なのかもしれませんが、別に嘘ではありません。

演劇は、ほかと同じく、根本的には「嘘」とは無関係に成立する芸術です。ところが、戯曲を書いて、俳優を集めて、稽古をして、上演して……という作業のなかで、いつの間にか「ある」ものが「ない」ことにされたり、「ない」ものが「ある」ことにされてしまうということが起きる。ぼくたちはそのような嘘に、できうる限りの繊細さでもって、自覚的であるべきです。

たとえば、俳優の緊張は「ある」。舞台と客席とのあいだに壁は「ない」。劇場によって音の響きの違いは「ある」。客席からステージを見る視線に同じものは「ない」。戯曲に書かれた言葉は「ある」。俳優の身体は「ある」。書かれた言葉自体に身体は「ない」。舞台の上には舞台の上にあるものしか「ない」。しかし、観客の想像力のなかには、舞台の上の言葉と身体によって生まれたさまざまなものが「ある」……このように、演劇を成立させているさまざまな現実的諸条件を、稽古を通してそれぞれの俳優に確認して実感してもらうことは、自分たちがおこなっていることが、「いったい何に対する働きかけなのか?」を理解する第一歩になります。

俳優は、さまざまなかたちで「ある」ものを――たとえば「身体」と「言葉」を――組み合わせて、観客の想像力の中になんらかの出来事を引き起こします。俳優はこの出来事を舞台の上で、何度も、繰り返し、正確に、しかも毎回異なった観客の想像力に向けて、引き起こさなければなりません。

これはとても困難なことです。ここでぼくが語っていることはすべて、この困難さに俳優が立ち向かうための具体的な方法論なのですが、演劇にまつわる「嘘」の多くは、おそらく、この困難さを正面から「引き受けない」という選択から生まれています。

戯曲に書かれた言葉は、俳優の身体と発話でもって舞台の上に表れ、観客の想像力に働きかけます。演劇はこのように、俳優と観客とのあいだで「繰り返される」「一回切り」の想像力の出来事というフィクションとして成立しますが、戯曲家・演出家を中心においた演劇の制作の現場では、彼らが「書いた」ものや「伝えたい」ものを舞台に載せることが最優先になり、このやりとり、特に、「繰り返される」ことと「一回切り」であることを両立させるための稽古に関心が払われることは、ほとんどありません。

作家は、自身の作品の創造主として、その作品が自分にとって理想的な状態で上演されることを「当然のこと」と考えています。理想的な状態とは、往々にしてその作家の想像力の中にだけある架空のもので、そのフィクションに、舞台でやりとりされる俳優と観客の想像力の働きが含まれていることは、滅多にありません。

戯曲と、それによって作家が見たいものと、実際の俳優と、実際の観客と……すくなくともこの四つの質の異なった想像力が、現実の上演に際しては存在しています。しかし、往々にして最後のふたつは「ない」ことにされて――というのが言い過ぎならば、上演においても、その稽古においても、最小限に切り縮められたかたちで扱われます。ここではこの二つの想像力が「ない」ものにされているのです。

このような作品では、舞台には作家が考えたことの再現だけが残ることになります。演劇作品のなかでもっとも再現性の高いものは美術であり、その美術を内包している「劇場」という建築物でしょう。

たとえば、宗教的儀式としての演劇は、それをおこなう建物自体から作ることで、その再現性を担保しようとしてきました。建物を作り、集まる日時を定め、それをおこなう階級や家系を継がせ、道具や手順や音楽、席次や参加できる人々などを厳密に指定して運営される、永続的に繰り返されることだけを目的にした「演劇」――こんなにがっちりと「外付け」で不安定な部分を減らしてゆく演劇はいまでは少数派でしょうが、実は稽古の大半が、このような「儀式」の尻尾を残した、俳優と観客の想像力を「なし」にしたままで「反復」されることを前提とした作品も、まだ多いのではないかとぼくは思います。

このように確認してゆくと、演劇をめぐる「嘘」は、何度も触れましたが、「一回切りの出来事」を「繰り返す」というフィクションにまつわる部分から生まれてくるものが中心にあるように思われます。

ぼくたちの日常はさまざまな繰り返しに充たされています。しかし、厳密には、同じ出来事は絶対に二度とは起こりません。生きて死ぬぼくたちの生活は、一度切りの出来事なのです。ぼくたちはそれぞれ自分に与えられた条件に従って、それぞれが複数の役割を演じながら生きています。この生は誰かと入れ替えることも、やりなおすこともできません。

演劇とは——もしかするとあらゆる芸術がそうなのかもしれませんが——このような、ぼくたちの一回性に対抗するためのフィクションです。そこではある出来事が、「その場にいなかった人でもそれを共有できる」という可能性へと開かれるかたちで上演されます。

演劇とは、そこで語られる物語の内容とは関わりなく、「一回切りの生を担うそれぞれの身体が、同じ出来事に繰り返し立ち会う」という奇跡を想像的に実現させる場所なのです。これはおそらく「演劇」でなければ生み出すことができない経験です。

二十世紀の芸術の流れは、美術においても音楽においても、そのジャンルに固有の性質を自己批判的に突き詰めて、それ以外では得られないような経験を生み出す作品を目指すところからスタートしました。

不勉強なので、演劇がどのようにしてこのような運動と関わってきたのかについて語ることはぼくにはできませんが、物語がなくても、美術がなくても、音楽がなくても、ぼくたちは言葉と身体を使って、「一回切り」しかないそれぞれの生の外側に出て、同じ経験を共有出来る場所を作り出すことができるのです。

このフィクションは、おそらく人が集団で生活するためには必須のものであり、演劇とは最大限の効果でもって、このようなフィクションの有用性と可能性を提示する芸術であるとぼくは考えます。

稽古において、「あるものをある」ものとして、また、「ないものをない」ものとしてきちんと認識し、身体を無視した再現性に頼ることなく、繰り返し「はじめまして」の観客とともに同じ作品を立ち上げる試みを続けましょう。

七、想像力で足を地に着ける。

毎回ゼロから作品を立ち上げる。
フィクションは身体を通過して前にある。

「演劇の魅力はその一回性にある」というような言われ方をされることがあります。演劇の舞台は毎晩変化する。一度たりとも同じ本番はない。演劇には、そのときそこに立ち会った人だけしか経験できない、特別な「いま、ここ」の魅力が備わっている、云々……といった話です。

もちろん、観客にとって、「ある演劇を見る」という行為はきわめて非日常的な、その人にとってその人生で一回切りしかないだろう経験です。たとえ二、三回同じ舞台を見る機会があったとしても、得られる経験はおそらく毎回異なったものになるでしょう。繰り返される普段の「日常」から離れ、舞台の上で展開される「非日常」を劇場で経験することは、その日常の枠が硬ければ硬いほど、観客にとって特別な出来事になるに違いありません。

こうした「非日常」の出来事は、往々にして特別な「場所」や「モノ」や「人」

に付随して現れます。

先にも述べましたが、儀式としての演劇は建築や美術に大きく依存しています。一年に一回、神殿の奥から持ち出され、ある祭祀の時にだけ鳴らされる銅鑼の音は、それを聴く人たちに大きなショックを与えることでしょう。歌舞伎役者は、血統を維持することで希少性を高めています。巨大な劇場は、まさしくその「巨大さ」によって特別です。

このような、普段触れる機会のない「特別」なものを用意することによって、演劇は非日常の世界を作り上げてきました。観客はそういった場所に入り込むことで、日常には持って帰れない、特別な「いま、ここ」を経験をするというわけです。

オフィスマウンテンの作品には、このような「特別」な装置はありません。オフィスマウンテンの作品は、ぼくたちが普段から使っている「身体」と「言葉」だけで、演劇という「非日常」的な経験を生み出そうとする試みです。

ぼくたちがここで成立させようとしている「非日常」とは、繰り返しになりますが、「一回切りの出来事」を「何度も繰り返す」という行為そのものを指しています。

多くの演劇では、「一回切りの出来事」は、語られ、伝えられるべき「物語」の姿を借りて舞台の上に表れます。代表例は、キリストの生誕でしょうか。こうした演劇においては、俳優は、幾つかの出来事をまとめた「物語」を伝達するための透明な媒体の立場におかれ、観客はそのようなメディアとしての俳優を介して、その背後にある物語を受け止めます。ぼくたちの想像力は、こうした場所では過去にむかって働きます。

オフィスマウンテンの作品にも、そこで語られている物語は存在します。しかし、ここで俳優は、物語を伝える媒体であることよりもむしろ、いまこの場にしかない身体の情報を豊富に湛えた、現在形で変化し続ける「出来事」そのものとして存在しています。

この媒体は、物語を伝えるためだけの必要をはみだして、いわば、充分すぎるほど濁っている。この濁りは、物語を見ようとする観客の視線を阻み、その想像力を「いま、ここ」で起こっている出来事の方向へと開きます。ここでは、フィクションはすでに終わったものではなく、俳優と観客の現在形の身体を通過して、その前方に、いままさに作られてゆく状態で立ち表れるものなのです。

俳優は過去の物語に頼らずに、いまある自分の身体に起こっている出来事でもって、観客の想像力に働きかけなくてはいけません。「人前」という「異常事態」にある俳優の身体で起こっている「出来事」が、しかし、毎回ゼロから、同じ作品を観客の想像力も使って立ち上げるということ。

異なった状況で、同じ出来事を繰り返すこと。――あらためて、これは本来は不可能なことです。しかし、絶対に二度と同じことは起きないぼくたちの生にあって、俳優は、言葉と身体を使って、その時間の流れを捻じ曲げ、押し止め、再活性化させて、ぼくたちに「同じ経験」が可能な「作品」という場所を切り開いてくれる。

演劇の魅力とは、このような「繰り返される出来事」＝「作品」によって、ぼくたちが「同じ経験」を得ることが出来るという、その共有の可能性にこそあるのだと思います。

そして、そのために必要な素材は、ぼくたちが日常的に使用している「身体」と「言葉」だけで充分なのです。

演劇の魅力は、その一回性よりも、むしろ、反復と共有の可能性にある。一回性の魅力というものは「演劇」よりも「映画」の方に多く備わっているのでは、とぼくは思います。カメラが切り取る一コマには、過去に起こった、絶対に変えられない、再現できる可能性のない一回切りの出来事が、そのまま映りこんでいる時があります。映画の魅力のひとつは、すでに終わってしまった一回切りの出来事を、そのままのかたちで、二度と変えられる可能性のない過去として、あたらしく経験出来るというところにあるのではないかと思います。

俳優がおこなうことのできる可能性を十分に稽古することができた作品においては、上演にあたって、いわゆる「アドリブ」の演技が入ってくる余地はありません。アドリブとは往々にして、作品との接点を見失った俳優が、その想像力の空白に耐え切れずに、出来合いの行為を使って舞台を埋めようとすることで成されます。それはそもそも作品とは無関係の行為なのです。上演中に選ばれるべき行為は、すべて繰り返し稽古でおこなわれ、その作品への効果を全員で精査したものから作られるべきです。俳優がそれぞれ、自分の仕事を十二分に高めている現場にあって、アドリブがプラスになるようなシーンは一切ないとぼくは思っています。

八、「上演」することがもっとも効果的な演劇の形態である。

俳優は言葉による権力、沈黙、そして「恥ずかしさ」に自覚的であれ。
人間はまだ「書き言葉」をうまく使うことができていない。

これまでオフィスマウンテンは、『ドッグマン・ノーライフ』の再演以外のすべての作品を、劇場で「上演」するというかたちで発表してきました。

ぼくたちのホームである「横浜ＳＴスポット」は、客席があらかじめ設けられていないフラットなイベント・スペースであり、また、「三月の5日間」を上演した、同じく横浜にある「Bellrings Seminarhouse」は個人の家を改装したものであって、どちらもいわゆる演劇用に作られた劇場とは言えませんが、ぼくたちはそれらの場所に「舞台」と「客席」を設営し、俳優と観客が向き合う状態に会場を整えて、作品の上演をおこないました。（「Bellrings」の方は大きさの都合で若干数、舞台に対してサイドに客席を作らざるを得ませんでしたが、俳優の見え方そのものは、ほかの場合とほぼ同じだったと思います）。

ここまで述べてきたとおり、オフィスマウンテンの演劇は、「俳優」が舞台上で能動的に選択してゆく身体と言葉によって作られています。そしてその能動性は、会場に来てくれた観客の、俳優がおこなっていることに対する、つまり、作品に対する集中力によって大きく変化します。

ぼくたちの作品で見ていただきたいのは、俳優です。なので、それ以外の部分で観客の気が散ってしまうことは、なるべく避けるようにしたい。舞台と客席をきちんと分割して、見るべきものがある場所をわかりやすく提示する。作品上演中、舞台には見る必要があるものしか存在させない。上演前の観客の誘導はしっかりと、そしてどの客席でも充分にリラックスして、ステージ上で起こることを見てもらえるように工夫する。なし崩し的な始まり方はしない……などなど、ハードとソフトの両面で、観客に余裕を持って、俳優による作品を体験していただけるよう努力しています。

海外の公演などでは、会場によってはお客さんが上演中に立って外に出てゆき、ワインを持ってまた席に戻ってくる、といったような事態がきわめて自然に起きたりもしますが、STスポットではそういった環境を作るのはいまのところちょっと難しい。というわけで、「大変ですけど、座って、じっと黙って、作品を「見る」という行為でもって、みんなで一緒に想像力を発揮していただけませんか。そのための準備は精一杯やらせていただきます」というかたちで、客席を組んでいます。

ぼくより少し下の世代では、こうした「舞台」と「客席」の境界や、さらに大きく「作品」を「上演」するという演劇の構造自体に対する不信感から、劇場ではない場所を使い、または、劇場だとしても客席と舞台の区分を取っ払って、いわゆる「ハプニング」や「パフォーマンス」の一種として演劇をおこなうというスタイルが多く見られます。「出演者と観客の境目をなくして、みんなが主役でみんなで楽しもう！」といった傾向の演劇です。

とても格好いいし、実はこの客席と舞台の段差をなくそうとする方向性は、ぼくがチェルフィッチュその他ではじめた「観客との距離を離さないための方法」の影響もあると思うのですが、残念ながら、その「スタイル」だけが広く浅く残ってしまった部分もあるような気がします。ぼくはいまは逆に、というか、むしろ積極的に、演劇作品における「俳優」と「観客」という役割分担を念頭において作品を作っています。

ライブやフェスやパーティはもちろん楽しいですよね。演劇が無自覚に前提としている観客のあり方と、フェスやパーティを楽しもうとするお客さんはまったく質が違うので、そこで俳優が「演劇における嘘」に自覚的になる、という効果はあると思います。しかし、演劇のフィクションと、それらの「人の集まり方」が生み出すフィクションというものは、根本的なところでその性格を異にしていると、ぼくは思っています。

オフィスマウンテンで試みたいことは、主・客という役割分担自体を「ない」ことにするのではなく、「集まる」ことで生まれる関係性の一つである、「ある一方が発言する」、そして、「ある一方はそれを終わるまで聞く」という状態が作り出すフィクションの力を確認することです。

俳優が舞台の上で発話している言葉は、日常の会話とは違って、そもそも一度、戯曲として書かれ、実際の身体とは別なところに保存されている「書き言葉」です。たとえそれが自分で書いたものだとしても、また、会話から採用されたものだとしても、文字として固定された時点で、それは「自分の言葉」ではありません。すくなくともそれは、「自分だけの言葉」ではなくなります。

演劇で使われる言葉というものは、オフィスマウンテン以外の演劇でもすべて、「自分の言葉」ではないものを発話することでおこなわれます。これは演劇に限った話ではなく、普段からおこなわれている行為ですね。届いたニュースを読んで伝える。就労規則を新人に告げる。ネットに書かれている情報を人とお喋りする。条約を結ぶ。判決を下す……。書かれた言葉は、それが実行力を持って表れるとき、そこにいる人を発話する人と聞く人に分割します。書き言葉は会話と異なり、そこにいる相手を黙らせる力を持っているのです。

この能力が最も強く発揮される場所こそ、演劇の舞台に他なりません。むしろ逆に、このような、相手に自分の言うことを聞かせるという状態を作り出すために、演劇というものが生まれたのかもしれません。ともかく、言葉によって生み出される力の、そのもっとも緊張が高まる瞬間が、舞台の上にはあるのです。

俳優には、このような力を引き受けていることの自覚と、その力が生み出してしまう「沈黙」を聴き取ろうとする姿勢が必要です。また、他人の言葉を自分の言葉のように言う、という行為にまつわる「恥ずかしさ」の感覚も、忘れてはならないものでしょう。

『能を捨てよ、体で生きる』（二〇一八）の公演後に大谷さんが述べていたことですが、上演の最中、観客の前で発話を続けながら、ときおり何度か、その場にいる人たち全員で、「いま言われていることが真実であるかどうか」を検討しているような感覚になったそうです。もちろん、大谷さんが舞台で発話している言葉は、ぼくが書いたセリフです。そこには嘘も真実もありません。しかし、それを発話し、観客たちの沈黙のなかでその言葉が反響した時に、大谷さんは「この言葉が通った」ということを感じたそうです。ある集団に、自分の身体と言葉でもって、ある書き言葉を「正しい」ものだと認めさせること。唐突な話かもしれませんが、ここにはおそらく、立法あるいは司法といった権力を生み出すような力が備わっているのではないかと感じます。

これはただ書くだけでも、ただ言うだけでも、また、自由な会話の中からだけでも生まれることができない「力」だと思います。書かれた言葉が同意を得るためには、それを誰かが、沈黙している聞き手を秤として、身体をもって通さなければならない。

近年流行しているＳＮＳ上でのやりとりに頻出する混乱は、『能を捨てよ』のセリフにある〈今でゆうＳＮＳたあ気味が悪いな。身体が無いもの。言葉って身体が無きゃ言えねえよ。〉そのままの話で、書いただけでは、たとえその内容がどんなものであっても、言葉はけっして社会のものにはならないということを示しているのだと思います。ぼくたちはそれを、身体を使って「言う」必要がある。俳優は、そのような行為のプロフェッショナルであるべきです。

オフィスマウンテンが「上演」という形態で作品を発表しているのは、このスタイルこそが現在、「言葉」を巡るこうした問題をもっとも強く提示できると判断しているからです。

人間が言葉を話し始めたのは約十万年以上昔に遡れるとのことですが、文字の歴史はわずかに五千年前後。「書き言葉」は現在の脳の状態が完成してから発明されたものなので、それを処理するための特別な器官は脳みそのなかには存在していないのだそうです。なので、ぼくたちは「文字」を言葉として読み書きするために、脳のいろいろな部分を各人がそれぞれ勝手に組み合わせて、「あいうえお」の読み書きを習得しているのだそうです。机に向かって書き取りをしている小学生は、みんな一見同じような作業をしているように見えるけど、頭のなかでは全員が違うやりかたで字を覚えている。

もしかすると、人間はまだ、文字を使って「言葉を書く」「言葉を読む」という行為自体を、まったく上手くできていないのかもしれません。

演劇とは、おそらく、言葉の読み書きをはじめた当時から人間が試みてきた、同意形成のための芸術なのです。こうした芸術＝技術は、現在でも、いや、メディアを介しての関係が一般的になった現在だからこそ特に必要なのだと、ぼくは思います。そして、ぼくたちは、こうした芸術を、自分たちの「身体」と「言葉」だけでもって作ることが出来るのです。

九、俳優は演劇のすべてに関わる。

俳優には、作品を自分のものとして創作する権利と義務がある。

演劇は「人が集まって何かを作り上げる」ことのモデルとなりうる。


俳優は、これまで述べてきたことからも明らかなように、戯曲や演出といった、演劇を作るために必要とされる素材と手続きのひとつひとつに、能動的に関わることができます。

そして、最終的に、実際の舞台の上に立って、自身の身体と言葉でもって観客の想像力に働きかけ、「演劇」を「演劇」として成立させるのも、俳優です。俳優には、演劇作品を自分のものとして創作する権利と義務があるのです。

しかし、オフィスマウンテン以外でぼくがこれまで関わってきた舞台の多くは、俳優に対してこのような作業を求めないことが当然とされていました。そればかりか逆に、「俳優は戯曲に口を出すな」、「俳優は演出家の言うことに黙って従え」といった無言の圧力によって、俳優から作品を作る能力をあらかじめ奪ってしまうような稽古の現場もたくさんありました。

稽古場においては、演出家が作品制作に対して絶対的な権力を握ったボスである、といった認識はどこから生まれたのでしょうか。もちろん、ぼくたちの前の世代に活躍した、多くの優秀な演出家のスタイルの影響はあるでしょう。また、作品をある一人の「天才」の存在と強く結びつけて語るのは、世間一般によく見られる傾向です。権力を集中させた方が管理や運営が楽に進む、といった、日本型の組織運営が反映されたものなのかもしれません。ひとつのカンパニーは一人の演出家と多数の俳優で構成されていることが多く、その逆は滅多にありません。

ボスがすべてを決定し、その他の人間はそれを受け入れるだけ、という劇団があっても構いませんが、その場合、劇団は俳優と雇用契約を結んできちんと給与を支払い、互いに互いの面倒をみるかたちにするのが当然ではないかと思います。そういった組織論から生まれる作品もあるでしょう。

しかし、ぼくたちは、演劇を生み出す主体である「俳優」を中心においた制作スタイルの確立を目指したい。第一、演出家の決定の多くは、実際には俳優の能力に依存して成されています。それならばシンプルに、演出家と俳優が対等な立場で「演出」について判断することを可能な状態にした方が、よっぽど稽古が上手く、進むのではないでしょうか。

演劇は「人が集まって何かを作り上げること」のモデルとなることができるはずです。参加している人たちの、それぞれの個性と能力を基盤にした稽古の方法を考えることは、それだけできわめて創造的なことです。あたらしい組織論を内包した作品は、これまでとは異なった、あたらしい観客を生み出すきっかけともなるでしょう。

俳優ひとりひとりが、作品を自分のものと考え、自分の責任で演出を選び、上演のために必要となる練習を考える。そして、互いに意見を交換しあい、互いの身体と言葉を確認して、その作品にとってベストと思われるアンサンブルを作り上げる――このような制作がスムースにおこなわれる組織論を、オフィスマウンテンでは積極的に作り上げるように努力しています。

この組織論には金銭面に関わることも含まれます。多くのカンパニーでは、公演の際の収支決算がきちんと俳優に開示されることがありません。何にどのような予算が割かれたのかについて、俳優は大抵蚊帳の外に置かれたままなのです。俳優はこの状況に積極的にノーを唱え、金銭や契約についての曖昧さに妥協しないように心掛けましょう。

俳優はさまざまな現場で、さまざまな演出家と仕事をします。俳優はどのような稽古現場にあっても、作品の創造に対する自分の権利を放棄してはいけません。どんな戯曲であっても、その内容から自分なりの振り付けのプランを見つけ出し、与えられた演出とその「身体」をぶつけあいながら、わずかでもいいので常に、その作品における自分自身の創造の取り分を確保するようにしてください。

そのためには、演出家と同じか、それ以上の労力でもって「言葉」を取り扱うことが必要です。演出家よりも、一回でも多く脚本を読み、自分なりの読み方でもって稽古に臨むこと。

あらためて、舞台で観客と向き合うのは俳優です。演出家ではありません。作品を創造する権利と義務を俳優は担っています。俳優の権利をしっかりと行使し、見に来てくれた観客への、そして「作品」への義務を果たすようにしましょう。

十、その他。上演日数、音楽、照明、美術などについて。

俳優を自分の仕事に集中させるための環境を作る。

俳優それ自体が美術であり、その身体が衣装である。

これまでのオフィスマウンテンの、いわゆる「本公演」に当たる新作は、すべて「横浜ＳＴスポット」を会場として、十〜十四回の上演を約二週間かけておこなうというスタイルを取ってきました。これは観客席五十前後の劇場としてはかなり長めの設定で、主催するカンパニー側にとっては金銭的にはかなり厳しい選択なのですが、こうしたロングラン公演に出演することは、俳優にとって大きな糧となります。

同じ会場で、同じスタッフで同じ作品を繰り返し公演することは、俳優が自身の仕事に集中することを容易にします。環境が変化しないことで、観客および自身の身体の変化を正確に確認することができるようになり、自身の行為によって「作品」が成立することへの実感を毎日フィードバックしながら上演を続けることができるからです。

たとえば、ツアーでの公演では、新しい会場に着いた次の日に、あるいは着いたその日に即本番、そしてその次の日にはまた別の会場へ移動……といったスケジュールが組まれることがあります。こうした場合、俳優は毎日不安定な状況から作品を立ち上げざるを得ないので、環境から受ける情報を遮断し、自分がこれまで稽古で作りあげてきた身体に全面的に頼ることでパフォーマンスを安定させる、といった選択しかできなくなることがあります。

これはつまり、俳優として可能な仕事が大きく減ってしまうわけで、これでは俳優が作品に対する権利を発揮する余地がありません。

舞台の上を美術で充たそうとする傾向は、このような「環境による変化」による影響を美術によって押し止めようとする試みだと思います。要するに、神殿を作ってそこで儀式をおこなうことの延長のようなものですが、そのようなセットでもって「作品」の上演状態を安定させようとする予算があるならば、俳優に余裕を持ってあらたな環境に馴染んでもらう、そのスケジュールを確保するために、その予算は使われるべきだとぼくは思います。

オフィスマウンテン作品では、これまで特別な美術は使用してきませんでした。道具はすべて会場の備品です。衣装も俳優たちの私物です。これは予算の関係というより、もっと積極的な選択であり、ぼくたちの作品は、俳優の作業以外に、上演のために必要とされる特別なものはなにもありません。俳優それ自体が美術であり、また、その身体自体が衣装です。しかしその身体はまったく、いわゆる「特権的な身体」ではありません。俳優に特別な肉体は必要ありません。俳優は普段から使っている身体と言葉を用いて、その組み合わせを作品のためにあらたに制作するという作業だけを通して、舞台上に強固なフィクションを立ち上げることができるのです。

オフィスマウンテンでは立ち上げ公演から音楽を大谷能生さんに、そして音響を牛川紀政さんにお願いしています。

オフィスマウンテンにおける音楽は、作品に対して唯一外から付けられた、舞台の環境を安定させるための「美術」的な役割を果たしているものかもしれません。それはおもに、シーンとシーンのあいだをつなぐ「照明の転換」的なかたちで使われます。

音楽はそれが流れることで、無条件に、目の前で起こっていることを日常から乖離させます。なので、作品のはじまりにおいて音楽が流れることは、観客の想像力を舞台に集中させるよいきっかけとなります。また、音楽はリズムとメロディーによって、舞台の上の出来事を修飾することができます。俳優の振り付けは音楽によって縁取られ、観客はそのフレームがある分だけ、俳優から距離をとってリラックスすることができるのです。音楽は、観客の集中力を高めすぎないために使うことが出来るのです。

稽古は無音でおこなわれます。大谷さんは俳優としての稽古を続けながら、その作品に必要となる音楽を考え、通し稽古の段階に入ったところで作曲し、録音します。この時点ですでに作品の全体像は見えているので、作った音楽が没やリテイクになることはほとんどありません。あとは現場に入ってから、牛川さんの音響設計と合わせて、使う場所の指定と音量をおこなって完成となります。

また、音響の牛川さんには、最近の作品では特に積極的に「照明」のデザインと操作も担当してもらっています。大谷さんと牛川さんは、それぞれ音楽と音響のプロフェッショナルですが、オフィスマウンテンでは片方は俳優を兼ね、片方は照明を兼業してもらっているというわけです。

このような作品制作における「兼業」は、それをおこなう人の能力、および会場の特性に合わせて積極的になされるべきでしょう。俳優が自分で言葉を持つように、いわゆる「制作」を担当する人間も、作品に対して能動的に関わることのできるような関係性を探るべきです。作品に関わるすべての人が、裏方も表方もなく、みんなで平等に創造に関わる、そのような関係を奨励するような環境作りを心掛けるべきだとぼくは思います。

このような、作品制作に関する「組織論」的な部分から試行してゆく場合、ときおり、その結果が「作品を上演する」ことに向かわずに、ワークショップや研究会としての発表、または作品制作の経過を見せるといったかたちでのアウトプットに落ち着いてしまうことがあります。実験的な作品の多くが、上演という形態ではなく、「ラボ」的なかたちでの発表に向かってしまうという傾向が、特に近年強くなっているように思います。

ぼくはやはり、どのような実験的な試みであっても、それを「公演」というかたちで発表することが、もっとも強く世の中に働きかけることのできる選択なのではないかと考えています。しかも、二〜三回で終わるのではなく、少なくとも十回前後繰り返し上演し続けることのできる「作品」として発表していきたいと思っています。

第二章
「演劇」への疑問――太一メソッドの成り立ち

「演劇」って、なんか怖い……

両親や親族が舞台に関わっていたこともあり、子供の頃から演劇に触れる機会が多くありました。中学・高校は文科系の部活に力を入れている私立校だったので、毎日のように何かしら音楽とか、演劇などの発表がおこなわれていて、そこでもいろいろと見ることになるわけですけれど、音楽のライブは大体面白いのに、演劇はまったくつまんないなあ、と思わされてばかりだったんです。

その頃から、楽器を持たずに身体だけで表現している分だけ、ほんとうは音楽より演劇の方が芸術として強いはずなんだけどな、って漠然と思っていました。

卒業したあと、両親がやっていた「劇団山縣家」という劇団を手伝いながら、改めていろいろな演劇を見るようになったんですが、やっぱり、好きになれる演劇がほとんど見つからなかったんです。

「なんでだろう？」と思いながら見ていると、まず気になるのは、はじまって一番最初からなんですが、幕が開いて、俳優が舞台に出て来て、ステージ上にテーブルとか椅子とかあったりするわけですが、そういう小道具も含めて、ステージ上にあるものを全部、何の説明もなしに「あって当たり前」みたいな扱いで登場した俳優が動いたり、セリフを言い始めたりする。

俳優が目の前にある物を見まったく見ないし、触らないし、触っても段取りでしかなくて、結局、舞台を現実的に充たしているものを全部無視していて、観客には分からない暗黙のルールに従って動いてるように見えました。一時が万事で、同じ場所に立っているはずの俳優どうしも、たとえば会話している体《てい》だったとしても、結局のところ、互いの存在を無視している。あるいは見ていても見ていない、というふうにぼくには思えました。それってすごく悲しいことなんじゃないか。話がどんなものであっても、せっかく実際に目の前に人間がいるのに……普通に不思議だし、気持ち悪いし、互いに無視しあっている理由が本当に分からない。しかもいきなり片方が笑ったり、泣きはじめたりとか、ほとんど単なる変人とか殺人鬼とか、そういったレヴェルの意味の分からない人たちの振る舞いに見えました。ステージ上でも他人を無視しているわけですから、もちろん客席のことも俳優はずっとガン無視ですよね。

それなのに、終わったあとはいきなり観客に向かって感極まった感じで深々とお辞儀をしたりとか、俳優の気持ちがぜんぜん分からない。なので、見るたびに「演劇って、なんか怖いものなんだ……」とずっと思っていたんです。

ぼくはなぜかずっと、「嘘を減らすのが演劇だ」と思っていました。けれども、こういった演劇では逆に嘘がどんどん増えてしまっているように思えて、それも怖かった。でも、一緒に客席に座って見ているほかのお客さんたちはあんまりそんな風には思っていないみたいで、もしかしてぼく以外の人はみんな、ある宗教みたいなもので統一された、カルトな団体の人たちだったりして……とか思えてきてしまって、観客の存在も怖く思えてきました。

客席を見ると、やはりそちらにも「暗黙のルール」がしっかりあるようなのですが、舞台の上よりはまだその強制力が弱くて、座っている人たちのあいだに、はじめて会う人どうしの緊張感や気取りなど、互いを意識しながらやりとりされるさまざまな情報が実際に見えたりして、そのほうがよほどおもしろいんじゃないかって思えてくるんです。観客は、例えば席を立ったり座ったりするときにも、周りの人が「自分の身体を見ている」ことを意識して、その影響を率直にあらわすということがよくあります。そしてそのときの身体の表現は一人一人違っていて、多彩というか、ドラマチックで、こちらの方がステージより、「演劇的」ではないか、と思ったりしました。いま、お客さんの席の側の方を「ステージ」として考えて舞台に立つという手法を作品にも取り入れているのですが、このあたりからそんなふうに考えていたんですね。

人前に立つのは異常事態(のはずなのに)

とにかく演劇のいろいろなことが勝手に気になっていたのですが、その後、自分で舞台に出ることにもなったので、演劇をやっている人に「どういう風に舞台に立ってるんですか?」というようなことを聞いてみたんです。でも、だいたい、ぼくが聞きたかった演劇の「怖い」と思う部分に関しては諸先輩方はほとんど無自覚なようでした。直接ぼくの質問には答えてくれず、セリフを覚えるためには書き写すといいよ、とか、「この登場人物ってさー、普段どんな生活してるのかなー」みたいなことを一緒に考えようとか、そんなアドバイスばかりが返ってくることが多かったんです。それからびっくりしたのは、脚本の自分のセリフのところだけにマーカーで線を引いて覚えている人がいて……そうやって俳優のようすを見たり聞いたりしているうちに分かってきたのは、多くの俳優は自分に与えられているセリフを覚えて、それを演出家が決めた段取りに従って言いに来てるだけなんだ、ということでした。舞台上にいるための方法論なんて持っていないし、自分の仕事はそれでいいとさえ思っている。むしろそれ以外のことは考えないようにしているようにぼくには思えました。脚本も、自分の出るシーンしか読んでいなかったり、極端な人になると、自分のセリフの前の人のセリフの語尾だけ覚えて、それをきっかけにして自分のセリフを言う、みたいなレヴェルで舞台に立っているんです。

演出家から与えられた指示と、戯曲の言葉にしがみついて、そのほかの情報はすべてカットして、ただセリフだけを言っている。これじゃ目の前にあるモノやヒトの状態を見ていない、とこちらが感じるのも当然なのかもしれません。そして客席も、セリフを言っている実際の自分の身体も、ほかの俳優も、「自分のセリフとは関係ないもの」ということで無視してしまっているのです。

人前に立って、大勢の人に注視されながら何かをする、という行為は、やはりどう考えても異常な事態だと思うんです。だから当然、緊張もするし、心拍数も上がるし、さらに細かく考えると「誰に見られているか？」という違いによって、その緊張の仕方も異なってくるはずです。

ところが舞台上の俳優のほとんどが、その異常事態を涼しい顔で、観客がこちらを見ているってことをシャットアウトして、そんな緊張なんかありません、といった「嘘」をついている。身体と気持ちの両方に嘘をついていて、だからこそ「セリフ」と「段取り」だけに意識を集中せざるを得ないんじゃないのかな、と思いました。

演劇は毎回毎回、観客のその一人一人と舞台で「はじめまして」というかたちで出会うことになるわけです。普通は「はじめまして」の人の前で話すことっていうのは、もっとも緊張する出来事のひとつですよね。でも、俳優はその緊張を押しつぶして、なかったことにして、その結果、いろいろなものを無視することになってしまっている。

演劇の基本的な概念のひとつに「第四の壁」というものがあります。観客とステージとのあいだには透明な壁がある。その見えない壁で舞台は現実世界から切り放されてる、という考え方です。古いと言えば古い考え方で、でも、これは、演劇というフィクションを支えている「嘘」のなかでも最も強いものの一つではないかと思います。この「壁」という考え方を無自覚に採用して、それを前提に演劇を作ってしまうことが、特に日本ではまだまだ多いのかもしれません。

「いつも同じ観客」としての演出家

観客は上演のたびに異なっているわけですから、その存在を無視してしまったら、「演劇」という芸術で可能なことの多くは消えてしまうのではないか。観客が実際に目の前にいる、という事実が演劇という表現を成り立たせているとするならば、その条件をこそ、最大限に作品に反映させるべきなのではないか——ぼくはそう考えました。

観客の前に俳優が立って、たくさんの、それぞれに異なった視線を一身に受ける。そして、そこで何らかの言葉を言ったり、動いたりする。これははっきりと「異常事態」です。繰り返しになりますが、演劇はこの「異常事態」を表現の基盤に置いているとぼくは思っています。

俳優の目の前には「はじめまして」の人が、しかも集団でこちらを注視しているのです。そういった人たちから受ける影響を身体に反映させて動いたり話したりすると、それまでできていたことができなくなり、挙動が不審になり、不安定になって、不安になる。でも、異常事態なわけだから、それは正直な反応なんです。そんなときは絶対に人間ってテンパっちゃうはずなんですよね。嘘を減らすには、とにかくこの条件をきちんと認識して、その影響を理解するところから演劇を始めるべきではないか、とぼくは思うのですが、その不安定さに多くの役者は耐えられない。

演劇を構成している要素のなかで、比較的安定している要素のひとつは「戯曲」です。「戯曲」というものは「書き言葉」でできています。そして、「書き言葉」は、何度読んでも同一で、こちらがどんな状態であってもそれとは無関係だし、向こうからこちらを見返してきたりはしない。俳優の身体に比べれば格段に安定しているもののひとつです。

テーブルについたまま、俳優が戯曲を手にしてセリフを言い合う、いわゆる「読み合わせ」という稽古があるのですが、これは「戯曲」という、舞台の上でも「変わらない」要素を俳優が確認し合うことで、「異常事態」である舞台に上がる不安を減らそうとする試みだといってもいいのではないでしょうか。

でも、やはりこれも繰り返しになりますが、俳優が上がる舞台の空間には、観客の視線や自分の身体をはじめとして、さまざまなモノやコトによる情報が、「戯曲」とは別なかたちで存在しています。俳優の不安は、単に自分がかなりの異常事態に置かれてるということ、そして、それなのに、その影響を「ない」ことにする「嘘」の両面から生まれるものなのだと僕は考えています。

そしてそうであるならば、「演出家」の第一の役割とは、毎回毎回変化する多くの異なった視線にさらされて役者がパニックになることを防ぐために、稽古から公演まで、唯一ずっと同じ客席に座って見てくれている「ひとりの同じ観客」を演じることにあるのではないかと思います。

演出家は俳優と同じ戯曲をあらかじめ読んでいて、稽古時間も共有していて、ステージ上で起こるべきことをすでに何度も何度も見て理解している。このような「ただ一人の観客」にむけて演技をおこなうのだ、とみなすならば、大勢の「知らない人たち」の前で発話すると考えるより、俳優の緊張はだいぶ和らげられることになるでしょう。

演出家という特権的なお客さんの「ＯＫ」を貰うために、その人の視線を前提にして作品を組み上げてゆく。「演出家」とはまず第一に、俳優の不安を払拭するための、そのような「ただ一人の観客」として演劇に関わる人なのだと思います。

でもこれはやはり、作品が大崩れしないための消極的な選択なのではないでしょうか。実際は観客は毎回異なっているし、上演される戯曲への知識も人によって違っているし、稽古中に俳優と演出家が「当たり前」としてしまったことを、観客は一切共有していません。舞台上で起こる出来事は、毎回、その作品をはじめて見る観客と、その観客とはじめて会う俳優が一緒になって、ゼロから立ち上げなくてはならないものだとぼくはやはり、思います。

しかし、多くの演劇では、このようなゼロからの作業を本番の舞台上でおこなう試みはなされていません。演出家も、俳優も、演劇をするイコール「人前に立って何かをおこなうこと」自体の異常性には問題を感じていない。演出家だけを相手にした作品作りを続けていると、実際に舞台に上がる俳優も、このような「異常事態」への感覚をシャットアウトが当然だと思うようになってしまう。そして観客にも無自覚にそれを押し付けてしまい、結果、舞台には「嘘」ばかりが増殖してしまうというわけです。

毎回ゼロから作品を立ち上げる

とにかく、まず、舞台に立つ時には、「目の前の人から見られている」ということ、そして「その影響を受けている」ということを、きちんと意識するところから演劇を考えなおしてみたい。俳優として演劇に参加するようになってから、ぼくは改めてつくづくそう思うようになりました。

実際は、多くの場合、舞台に出てきた俳優は緊張していない風を装って、スッと芝居を始めてしまいます。そうすると、客席と舞台との距離が開いたまま、目の前にあるのにまったくの別世界という「嘘」を前提にした演劇になってしまう。

そうではなくて、「いまそちらがこちらを見ているという状態を、こちちも舞台上から見ています」、または「見られていて緊張していますけど、やります」という状態をしっかり作ってから始めると、どんなに広い会場でも、観客と俳優が「いま目の前にあること」を無視せずに「演劇」をおこなうことができる関係性を結ぶことができるはずなんです。

観客も、劇場という特殊な場所に来て、舞台の上でドキドキしながら立っている俳優を眺めるという「異常事態」を経験しているわけですから、自分の身体にも変化が起こっているはずです。極端に言うと、おそらく劇場に入ったところから、観客の身体には変化が起きている。そこにはすでに何らかの出来事が確実に起こっているはずです。このような状態を「ない」ことにしないまま「演劇」を始めるためにはどうすればいいだろうか、とぼくは考えました。

毎回、観客は異なっている。これは、どれだけ稽古を重ねようが、消すことのできない不確定な要素です。舞台の上にのせられている要素は同じですが、その「観客」を演劇を構成する要素のひとつだと考えるならば、作品の最低半分は毎回、確実に「異なった要素」でできている。ほとんどが「はじめまして」の人ばかりの前で、その視線からの影響を身体に反映させながら、しかし、稽古で決められたことについては忘れずに、確実に動いて、発話して……毎回「作品」のその約半分の要素は不確定なわけですから、そんな状態で、稽古で重ねてきたことをきちんと「上演」に結び付けられるかどうか、これはほとんど恐ろしい事態です。

観客からの「影響」ばかりに気を取られていると、逆に稽古で作ってきたものがあらわせなくなってしまったり、舞台に上がること自体が不安すぎてまったく動けなくなってしまったりすることもあるでしょう。こうした不安は当然のものですが、俳優はやはり、観客と一緒に毎回ゼロから作品を立ち上げることに取り組む努力をしなくてはなりません。「戯曲は全部覚える」「稽古は最低三か月は必要」、「俳優は演劇のすべてに関わる」……といった、第一章で提示した「太一メソッド」の命題は、このような、俳優がおこなう困難な仕事を成立させるために必要な作業を示したものです。

日常のとんでもない情報量

実際、観客を無視して演出家が指定したとおりのことを繰り返すだけなら、たとえばアンドロイドの方が完璧な（はず）なので、作品によっては俳優よりもそのほうが上演に適してることもあると思います。だけどぼくは、生きて死ぬという、一回切りの身体を持っている俳優が、毎回異なった環境において、「同じ作品」を繰り返し立ち上げるというフィクションの方に、「芸術」としての演劇の魅力を感じています。

書かれた戯曲というものは、シェイクスピアでもチェーホフでもベケットでも、誰が書いたものであっても、独立した作品として繰り返し上演することができるわけです。でも、それを繰り返すぼくの身体は、いつもいつも毎回異なっている。そして演劇は、その異なりを通して、繰り返し「同じ作品」が立ち上がることを実現させる。これは太一メソッドの命題のなかでも語ったことですが、演劇の可能性は、ときどき言われるような、単純な「一回切りの出来事性」にあるのではなく、このような、「一回切りしかない」ことが「繰り返される」という矛盾の中にあるのだと、ぼくは思っています。

実際、こういった矛盾に耐えられない俳優や演出家たちが、さきほど指摘したような、情報をどんどんカットオフすることによって上演の再現性を担保するという方向に向かってしまうのだと思います。繰り返しを優先することで、ここでは最初から舞台上でおこる出来事は痩せ細っていますし、「観客」という演劇にとって大切な「もう半分」の要素も無視されてしまいます。

また、その逆に、単に繰り返すことのできないいきあたりばったり、つまり即興を見せることで、「一回切り」しか起きない出来事の希少さに頼ろうとする作家や俳優もいます。彼らの多くは、同じものを毎回ゼロから立ち上げる、という困難な作業をおこなうための稽古をないがしろにすることが多く、反復に耐えることができません。

この二つの傾向はどちらも、俳優の身体が舞台の上で抱えることの出来る情報の質と量を信用していない、ということが共通しています。

たとえば、単純に情報の量だけを考えれば、普段、誰かと話している時の方が、舞台の上で何かを決まったことをやっている時より、それから先に起きることが決まっていない分だけ、言葉や動きの情報がさまざまな方向に開かれながら進んでいる状態が続いていると思います。コーヒーを飲んだり、窓を開けたり、その他もろもろ、そしてこれから起こるいろいろなことを互いに想像しながら話していたり——ということで、つまり、そこにある情報がとんでもなく多いんですね。ひとつの動作からさまざまな方向に意味の矢印が飛んでいる。そんな状態で、ぼくたちは日常生活を送っているのです。

舞台の上で、ある作品の上演がおこなわれる——そのように決まっている時点で、もうそこで起きる出来事は「日常」より情報の量が少ないわけですね。なので、俳優は、可能な限りいろいろな方角へ向かう情報を抱えたまま舞台に上がらなければ、「日常」よりも見るものが少ない、貧相な作品ができてしまう。

「日常」自体はステージ上で繰り返すことはできません。舞台の上は「異常事態」で、フィクションです。そこには全くひとつも「自然」なものなんてない。「日常」とはまったく異なったかたちで、稽古によって過剰にフィクショナルな、繰り返しに耐える饒舌な身体を作って、俳優は舞台に上がる必要があるのです。

手塚夏子のダンス作品

このような意識を持って舞台に立ち始めた頃に、ダンサーの手塚夏子さんの作品にぼくは出会いました。

手塚さんは一九九〇年代から活躍されているダンサー／コレオグラファーで、さまざまなアーティストが登場した二〇〇〇年代のコンテンポラリー・ダンス界にあって、きわめて独特な方法でもって、もっともラディカルな作品を作っていたアーティストの一人です。

二〇〇一年から手塚さんは、いま、ぼくたちもホームグラウンドにしている「横浜ＳＴスポット」で『私的解剖実験』という作品のシリーズを始めました。ぼくはたまたまその最初期の作品から見ることができたのですが、これは本当に刺激的なものでした。

たとえば、手塚さんのある作品では、床に寝ころんで、身体のある一点だけを集中して意識してみることを続けるということをおこないます。すると、いつの間にか、身体のほかの部分がその意識から外れたかたちで動きだしてしまう。いったい、この動きとは何なのか？　という問いかけ自体を、手塚さんは「ダンス」作品として制作・発表するのです。

手塚さんは一貫して、意識を極端に集中させたり、またそれを解いたりするという作業が、身体にどのような反応として表れてくるのかということについてトライアルを続けていて、とくにこの時期は、自分の身体を使って、さまざまなやり方でその成果を作品化していました。手塚さんの活動については、ＷＥＢ上にこれまでの公演の記録などが、ご自身の手によってまとめられていますので、オフィスマウンテンに興味をもった方は是非見てみてください。

ぼくは、手塚さんが試みているそれらの「ダンス」作品を見て、そこにあらわれているその動きが、日常の中で起こっているさまざまな出来事が身体に動きとして表れてくる、その経路みたいなものを掴み出して舞台上に乗せているように見えたんです。日常にある豊かな情報に極めて近い、しかし、それともまた少し異なった分厚い情報を手塚さんの身体から発見して、すぐに「あ、これだ！」と思いました。

それで、すぐに手塚さんに連絡を取り、手塚さんがこれまで作品を作ってきたそのやりかたについて、弟子入りして直接教えてもらえるようにお願いしたのです。

自分の身体を「他人」として発見する

手塚さんの稽古やワークショップは、ある振り付けや動きを踊ってみる、といった、いわゆる「ダンス」の稽古というより、日常生活の中で自身に起こっていることを「確認」して、それを稽古場にフィードバックする――といった、「日常の自分の身体に起こっていることを理解する」ことに多くの時間が使われています。

そのことに対して、手塚さんは「観察」という言葉を使っています。ある状態にある自分を自分で意識化する。ごく日常的であり、あえてふだん自覚することすらないような意識や動作に含まれているものを、徹底的に細分化して把握して、しかも、そういった観察行為自体が身体にどんな効果を与えるか、というフィードバックまで含めて、自分を掘り下げてみる。

具体的には、まずはかなりミニマルに、ヒジならヒジというものを意識して、そのときに自分に起こっていることを観察する、といったかたちで、手塚さんとの稽古ははじまりました。

そしてそのようなミニマルな行為が、じつは、自分の周囲を取り巻く規則であったり歴史であったり政治であったり、そういった大きな環境のありようを炙り出してしまうというところが、手塚さんの作品のひとつの特徴だと思います。

手塚さんは近年、ベルリンと日本を往復しながら活動を続けていますが、昨年、二〇一八年におこなわれた『体の観察→関わりの観察→実験作り』というワークショップの告知で、以下のように書いています。

〈私は四月からの三か月間、ベルリンでの生活（共同生活）の中で、自分の中にある「誰かに怯えて、鎖に繫がれてしまう」「先回りの自己検閲」みたいな感覚に苦しんでいました。それで、この感覚は日本の中で育まれたもののように感じました。そして、様々な場面で多かれ少なかれそれが物事の歪みを生んでいるようにも思いました。この渦中にいて、それ自体を観察することの難しさを痛感しながら、もがき、どうやってそれを対象化するか？　という戦いの渦中にいます。そのことを、紐解くような要素を、このワークショップでも少し試してみたいと思っています。転んでもただでは起きないほやほやの試行

錯誤をみなさんと共にすることを楽しみにしています。〉

自分の身体の感覚や動き、または、考え方や感じ方は、常に自身の内部とその外部との関係から生まれてくるものである。――このような「当たり前」といえば「当たり前」のことを、しかし、自分の身体というものを使って、もっとも確実であると思われる部分から観察し、把握しなおして、その対象化をおこなう。そして、その過程のなかで生まれてくるものを「ダンス作品」として発表するのが手塚さんの独自なところですが、このような取り組みを手塚さんは二〇〇〇年代から継続的におこなってきているのです。

手塚さんの稽古の中で、まず自分の身体において少し凝っている部分や、不調だと思われる部分を意識してみる、というものがありました。その部分をぼんやりと把握するのではなく、かなり厳密に場所を同定してみる。さらに、内臓だったらそれがそのほかの部分とどのようにつながって、そこに対してどんな影響を与えているのか、ということを意識してみる。それから、そのひろがりの部分の「色」をイメージしてみる。色分けすることで、さらに部位をはっきりと特定しよう、ということですね。色が意識できたら、その色を変えてみる。紫色だったイメージを、赤に変えてみたり、そのままピンクにしてみたり……。これは「色」を付けたり変えたり、ということ自体が目的ではなく、あくまでも、「自分の身体を意識する」という作業の一貫としておこなわれます。このような操作を身体に与えていくことによって、それまで漠然と考えていた「自分の身体」を「観察」して「対象化」していく試みと言えるでしょうか。

ぼくはもともと、かなりの小心者で、かつ人見知りの傾向があるのですが、「そう自分で感じている時の身体がどうなってるか、あらためて意識してみて」というようなアドバイスを、稽古の時に手塚さんからもらいました。

たとえば、嫌いな人を前にしたときの内臓の状態や胃腸の動きを注意してみる。その時の自分の肺の開き方、動き方などを意識してみる。苦手だなあと思う人の前に立ったときに、その意識のまま、それが自分の身体にどのように表れているのかを「対象化」してみる。そして、そのあとで、そこで起きたことをあらためて、もう一度、手塚さんの見ている前で再現してみる――。

つまり、人前にある自分の身体を観察して、確認して、それをふたたび稽古で再現して、その状態を明確にする。手塚さんとのそんな稽古を通して、ぼくはそういったことを繰り返しながら、自分の身体に起こるさまざまな現象を「対象化」していくことになりました。

人に見られている身体

俳優は、人前に立つ仕事です。人から見られているときの自分の身体がどのようになっているのか、ということを自分で理解することは、俳優がおこなう演技のいわば「地」となる部分です。オフィスマウンテンのワークショップでは、まず参加者に二人ずつ組になってもらい、互いに向き合って、一人ずつ、それぞれ無言で、相手の身体のどこか気になる部分を注視する、ということをおこないます。見られている方は、その見られている部分を探して、相手がどの部分を見ているかを当てます。当たったら交代して、この作業を四～五回繰り返し、自分の身体で相手が見ていた部分を「左手」「右のかかと」「髪の分け目」「仙骨」……といったように、それらを同時に意識してみることをおこないます。ときには、うしろを向いてもらい、意識してもらう部分を離れたところから指で差して、その場所を当てさせるということもやります。これはなかなか当たりませんが、当てること自体が目的ではありません。まず、「誰かに見られている」という状態を実感すること、そして、「自分の身体を自分が見えない部分に至まで細かく意識する」ことで、どのような状態が自分にあらわれてくるのかを経験してみることが大事なのです。

実際、たとえば身体の五箇所を明確に意識しながら人前に立つだけで、俳優個人個人の身体が持っている「癖」や「偏り」、それに各人が自分の身体に持っているイメージまでもが、見ている側が驚くほどはっきりとその身体にあらわれてくることがあります。同時に、このような「意識化」に無意識的に反発する身体も出てきます。見られること自体を嫌がる身体の場所、というものもあらわれます。このようにして「観察」された個々人の、けっしてどれも同じではない「身体」こそ、人に見られる＝舞台の上に立つ俳優の仕事の基盤となるものです。

身体に対する意識は、発話しながらでもつねに、複数のかたちで保つことができます。これは実は、日常の会話で普通におこなわれていることですが、このような身体への意識を、舞台の上においても自覚的に保ち続けることで、俳優は「戯曲」

として決められた行為に加えて、自分自身の身体から出てくる、その身体からしか発信することのできない情報を付け加えてゆくことができるのです。

手塚さんの稽古を通して自分の身体のなかに発見し、日常と舞台上の区別なく意識することになった部分は、ぼくの場合は「括約筋」でした。さっきもお話ししたとおり、ぼくには人見知り傾向があるのですが、このような身体の観察を通して、「人と話をする時は、括約筋を意識して開いていないと、話が入ってきにくい」ということに気がつきました。括約筋を開いていないと、社交的でいられない、ということを理解したのです。

「社交性」に関しては、顔の表情にあらわれる人もいると思うのですが、たとえば大谷さんの「胸」の感じは、ぼくが見ると、常に「俺に話しかけるな」みたいな状態になっているように見えます。けれどその一方で、大谷さんが喋っているときの横隔膜は「このリズムで乗ってきましょう〜」とでもいうような、まるでオープンな感じに見える。ふたつの異なった傾向が、異なったパーツに乗って、ひとつの身体に同居しているように見えるんです。

たとえば、舞台上で相手と話すシーン。真正面に立ってこう、相手の顔を見てキッとセリフを言う、という演出があったとしましょう。そのときに自分の胃が向こう側にねじれてたり、括約筋が閉じているという「振り付け」を、舞台上で自覚的におこなってみることで、「戯曲に書かれた言葉を再現している人」のほかにも、もう一つの、固有の身体から発せられる固有の情報を持った世界を、舞台に置くことができる。

その人の身体が抱えているストーリーを、戯曲の矢印とはもうひとつ、場合によっては二つ三つ、舞台上で別々に走らせることができるはずなのです。このような状態を作ることによって、「戯曲」だけに頼るのではなく、さまざまな「身体の情報」を舞台上で組み合わせることで、きわめて複雑な身体と発話の状態を作ることができるはずなのです。

ワークショップでは、身体のうちの五箇所を意識してもらっている二人を、そのままただ単に一緒に立たせてみるということもおこないます。すると、ただ立っているだけなのですが、それを見ているほかの参加者は、その身体にさまざまな「意味」を発見できることに気がついて、驚くことになります。その身体は、「日常」の「情報量」を超える豊かさをもっている。そのために、その身体を見ている人たちは、そこに自由に「意味」を貼り付けることができ、これからそこに起こるであろうことに想像力を働かせることができるのです。

身体のすべての部分に個性がある

感情表現について、多くの演劇では、もっぱら発話の稽古によってそれをおこなうわけですが、戯曲に頼らずに、やはり、普段の自分を観察するところから、「感情を表しているときの身体」を見つけておくことが大切です。日常のなかでは、口では「怒ってない」と言っていても内心では「怒っている」ときや、顔は「笑っている」けれど、「……つまんない」と思っているときがよくあります。そんなときの自分の「身体」がどのようになっているのかを意識して確認してみる。

わかりやすい例として、人前で恥ずかしがりながら話しているときの身振りはどうでしょうか。こうしたことを自覚するのは難しいのですが、このような「観察」のための方法を、ぼくは手塚さんとの稽古でじっくりと教わり、その後ずっと、自分でもさまざまな方法で試み続けてきました。

観察して、確認して、自分で指示を出して、微細に自身の動きを確かめてみる。そうすると、漠然とそれまで思っていたことと、表れてきた実際の動きというものがまったく違っているということに気づかされます。これは、見ている——見られているという状態においてもっともはっきりと表れますが、自分一人でも、自分を他人のように「観察」することで意識することが可能です。このような作業を通して、思ってもみなかった自分が自分の中にあるということがぼくにもはっきりとわかり、これまでに自分で考えていた「自分のイメージ」というものが、どんどん変化していくことになりました。

自分の括約筋は、腰骨は、背骨は、肩甲骨は指先は、と細分化して観察していくと、身体のそれぞれの部分に他人とは同じではない「個性」がある。じつは、それまでは、自分はなんの特徴もない人間だと思っていたのですが、これらの観察や意識化を通して、「現在ここにある自分の身体」が「世界上でいまここにしかないもの」なのだ、ということを実感することできるようにもなりました。自分の身体にはこれまでの独自な経験が蓄積されてできた歴史があって、言い換えれば、良くも悪くも、その歴史は自分一人でしか担えないものだということが、身体を通して理解できたんです。

自分が他人と違うことと同時に、自分の身体を構成している部分部分も、それぞれが異なった性格を持っているということにも気がつきました。括約筋と腰骨を同時に意識すると、その二つはまったく違うシステムで動いていることがわかります。たとえば、舞台上で発話をしながら、その二つがどのように動いているのかについて、ずっと意識し続けてみる。このようなかたちで、自分のなかに「他人」を抱えながら、例えていえば、「山縣太一」という身体を、「ぼく」という人格よりもだいたい一・五人分くらい離れた距離から、部分部分のさまざまな組み合わせで捉えられるようになる。そして、こうした部分を限りなく発見して、戯曲に沿ってあらためて組み合わせることが、「役を作る」ということなんじゃないか、と思うようになってきたのです。

戯曲から引き出された「このセリフを言う、ある立場の、ある役割の人」というような言葉で与えられた「外付け」の他人ではなく、自分の身体を細かく分けて、それをさまざまに組み合わせ、たくさんの別人を作っていくような形で、戯曲に対する「役」を用意する。戯曲を読んでいる自分は一人じゃないぞ、括約筋も、腰骨も、左足のかかともここにはいるぞ、ということです。役作りというよりは、自分作りなんですけどね。

身体と言葉のあいだにある意識の矢印

手塚さんに師事しているあいだに、『私的解剖実験－4』という作品に出演しました。これは、女性のダンサー二人とぼくとで、普通に雑談している姿をビデオに録画する。そしてそのあとで、その映像を見直して、そのときの身体をもう一度やってみる、という稽古からはじまりました。ただ見て真似るだけではなくて、その映像をスロー再生して、コマ送りで確認して、もうほんとコンマ何秒って単位で厳密に、そのときの動きを身体をトレースするという作業をおこないました。そして、そのトレースした動きをスローなまま、舞台の上で再現してみる。雑談から切り出された一分ぐらいの身体の映像を「振り付け」として、それを踊った身体をステージに乗せるという作品です。

再現するという目的をもって映像を見直してみると、会話の中のあいづちや、そのときの顔の向きなどから、このときはこういう風に言ってたけれど、内心ではまったく違うことを思っていとか、いろいろなことに改めて気がつくことになります。ある部分では自分が言ったことをまったく覚えていなかったり、自分の動きに自分でびっくりしたりと、いろいろな予想外の発見がありました。

実際に、「そのときは本当はどう思っていたのか?」ということは、最終的には検証不可能なわけですが、映像の表面に映っている自分の身体を見て、それを細かく細かく分析して、動きをコピーしてゆく作業のなかで、身体の動きに付随して、感情もさまざまに変化していく、という経験もしました。

その感情の変化というものが、そのときのシチュエーションとどのようにつながっているのかは分かりません。けれど、過去の自分を振り付けとして使い、その動きを徹底的に外から眺めて反復することで、真似しているのは表層に記録された運動だけにもかかわらず、それに付属して自分の感情、内面が変わってゆく、ということが生じていたのです。とても新鮮な体験でした。

そのようにして、徹底的に細かいところまでコピーして、きっちりと過去の実際の身体に近づけるために繰り返し稽古をしたのですが、いまひとつのところでなかなか上手くいかないな、と感じてもいました。動き自体は大分コピーできるようになってきても、映像に映っている身体が持っている「情報量」にいまの身体が届いていないというか――動きだけだとなんかちょっとピリッとこないな、どうしたものか、と悩んでいるうちに、再現したい動きに対して、歌の歌詞じゃないけれど、なにか、とりあえずその特徴をおさえた言葉を当ててゆくのはどうだろう、と思いつきました。たとえば手をゆっくりと広げてゆく仕草が映像に映っていた場合、それにとりあえず「腕バード」という名称を与えて、動きを言葉として認識してみる。

その言葉自体は発話しないのですが、その言葉を動きに与えて、動き自体を言葉で分割して、一度明確に「振り付け」として捉える。いわば、ぜんぜん知らない他人から与えられたもののように、それを踊ってみる、というやり方です。

録画されたときはもちろん、そんな「言葉」も「振り付け」もないわけですけれど、繰り返しその時の動きを再現するということを試みたときに、「言葉」で自分の動きを自覚して、分割して再構築したほうが、映像の情報量に近づけるように感じたのです。

映像を見て、身体で真似てみて、さらにそれに「腕バード」という名前を付けて、振り付けとして稽古する。

　そうした稽古を繰り返しながら、さらに、「指はどう変化していくのか？　肩はどうなっているのか？　腕だけじゃなくて顔は？」といったような形で、その振り付けをどんどん細かく分割して、そのひとつひとつに、たとえば「小指は固まったまま」「左ほほに虫が止まる」といった言葉をあてて、一つの動きにたくさんの言葉が付いていているような状態を作っていきました。これらの言葉はやはり発話されることはありませんので、意識できるかぎり、限りなく細かく、言葉を動きにあてることができます。発話される言葉に対して、それにあてることのできる身体の意識を複数用意できる、ということのちょうど逆の作業を、身体の動きにあててみたわけです。

　そのようにして、ある動きに並行した動きから引き出されたけれども、また別の場所に広がる「言葉の独自の領域」を用意して動いてみる。増やして、細かくしてゆくこと自体が目的なのではなく、より細かく言葉を作ることで、ひとつの動きをさまざまな方向の情報のなかにおいておくことが重要だと考えたのです。

　言葉と身体とのあいだにある意識の矢印を増やすことで、結果的に、はじめにただ雑談していただけのときのような、言葉と身体の落ち着く先が見えない、現在形で作られ続けている状態に近づけるようになる——そんなふうに考えたわけです。

身体から「言葉」を引き出して、その言葉を発話しないまま、しかし、その言葉をたくさん身体に内包させたまま、動きをおこなうこと。また、逆に、「戯曲」として与えられている「発話」に、自分自身の身体から取り出してきたさまざまな「他人」＝身体の各部分の個性を重ねることで、言葉を多方面に開いてゆくこと。

『私的解剖実験－4』の場合は、「自分たちのある日の雑談の映像」を作品を作るための手がかり、つまり「戯曲」として捉えたわけですが、書き言葉で書かれた一般的な戯曲においても、それを上演するにあたって、この二つの作業をおこなえば「舞台の上にある情報を減らさないまま」作品を立ち上げることができるのではないか。手塚さんの作品に関わることを通して、ぼくはそのことを学んだのです。

ノンフィクションから強いフィクションを立ち上げる

手塚さんは最初は、映像をコピーして再現する際に、ぼくが考えた「その動きに言葉を加えて振り付けにする」というやりかたに否定的でした。そうした「振り付け」のための作業は、録画したそのときには絶対にやっていなかったわけだから、そういうことを使って再現するのは「嘘」なんじゃないか、ということなんです。

また、動きを言語化して把握した段階で、逆に、もとの動きから消えてしまうものもあるんだと。それはもっともな話で、手塚さんは、いっさいの「贋作」はゆるさないという姿勢でしたから、身体の再現だけでやってほしかったようでした。でも、ぼくは、もうちょっとナンパなものの方が可能性があるというか、贋物でもいいから、舞台上の情報量が映像に近づいていたほうがいい、と考えていました。ノンフィクションをノンフィクションとして提示するのではなく、ノンフィクションを使って強いフィクションを立ち上げるということの方に興味があるんです。観客の想像力のためにも、このような「観察」と「ノンフィクション」の身体を使うという方法は不可欠であると信じているところがあります。

結局、手塚さんも、少しあとになってから、ぼくの方法を取り入れて、身体に対して言葉で影響を与えるというプロセスを使って作品制作を試みていらっしゃるようでした。

このあたりから、ぼくがその頃在籍していたチェルフィッチュの稽古でも、他の俳優に、「ぼくが今から触ってみるからその部分の背骨を意識して、そのままセリフを発話してみて」、とか、「このセリフのときに肩甲骨をおもいっきり意識してやってみて」といった、戯曲の言葉とは別の、身体に対する意識を上げるためのアドバイスをしはじめました。また、これは自分だけですが、戯曲の言葉をこちらで勝手に「色分け」して、その色を意識しながら、実際の舞台で発話してみる、ということも試みてみました。単に発話するだけではなく、どんどん自分で「戯曲」にオリジナルの言葉を足して、ステージ上でおこなえることを増やしてゆく。チェルフィッチュの舞台においても、俳優が積極的に自分の創作の取り分を掴まえにいくようなアプローチで関わるようにと、ある程度の方向付けをしていきました。これはおそらく、チェルフィッチュの作品にもプラスに働いたはずだと思っています。

戯曲は書かれた段階で過去のものであって、現在の時間とは別のところに置かれている。俳優はその固定された「時間」に、現在の身体でもって触れにいかなくてはならない。戯曲の言葉に負けない、しっかりとした自前の身体で、その作業をおこなわなくてはならない。それができれば、どんな古典であっても十分に現在形のものとして現在形のものとして上演することができるのではないか、とぼくは思っています。

身体《ことば》と言葉《からだ》 - 言葉《からだ》と身体《ことば》

演劇における身体と言葉の関係を、こんなふうに考えながら、ぼくは俳優として活動してきました。前章で提示されている「山縣太一メソッド」の命題は、ぼくがチェルフィッチュ時代に作り上げてきた、そして、二〇一五年から劇団「オフィスマウンテン」を立ち上げ、戯曲を書き、自分で自分の作品を上演しながら磨いてきた「俳優が舞台に立つために必要な条件」をまとめたものです。

オフィスマウンテンを立ち上げるにあたっては、それまで一緒に「ライン京急」

という演劇ユニットで一緒に活動していた、音楽／批評の大谷能生さんに協力を依頼して、初作品の主演として参加してもらいました。

「オフィスマウンテン」の個々の作品については、この次の章で、そして、実際の戯曲も巻末に掲載されていますので、そちらにあたっていただきたく思います。

正直に言って、ここまでぼくが述べてきたようなことがらは、オフィスマウンテンを始めた頃には、舞台に関係している人、特に一番共有してほしい、関わってほしい「俳優」たちからは、ほとんど理解されませんでした。むしろほかのジャンルの、演劇にそんなにどっぷり入り込んでいない人の中に、感覚的に近い人、理解してくれる人が多かったのです。

大谷能生さんもその一人で、サックスを中心としたさまざまな楽器の演奏者として、ずっと現場で、自分の責任で音楽を演奏してきた人です。また、批評活動を通して、言葉についても共同作業ができる能力をもっています。二〇〇六年からずっと一緒にいろいろな作品で共演してきているので、現在の演劇のもつ問題点とか、ぼくの演劇観についても、客観的な立場から理解してくれている。そういった経緯で、俳優を育てるための「他山の石」の役割を担ってはもらえないだろうか、と繰り返しお願いして、三年がかりでようやく同意を得て、二〇一五年、オフィスマウンテンの第一作『海底で履く靴には紐がない』を制作・上演できることになりました。

それから四年、およそ一年に一本のペースで、これまでオフィスマウンテンは本公演を続けることができています。そしてこれまでにお話ししてきた、ぼくが思う「これが演劇である」という考え方と具体的な制作の方法について、ようやく少しずつ、演劇に専門的に関わっている人たちにも理解してもらえるようになってきたように感じています。ともかく、俳優にもっともっと、身体と言葉への自覚を強くもって、がんばってほしい。演劇の可能性は、そこから大きく深く広がっていくはずだとぼくは信じています。

次章は、これまでの「オフィスマウンテン」の公演作品について解説していきたいと思います。

第三章

「オフィスマウンテン」作品について

「海底で履く靴には紐がない」

初演　二〇一五年六月二日〜十四日／横浜ＳＴスポット（神奈川）

オフィスマウンテン旗揚げ作品。俳優が作品を毎回お客さんの前で立ち上げる事にこだわり、台詞も繰り返しのようでありながら、俳優はその身体によって方向や角度や時間に変化をつける。毎回一から作品を立ち上げる、ということを文字通り徹底的におこなった作品（下の写真）。同作品の「ダブバージョン」は二〇一九年一月十四〜二十日、フェスティバル「これは演劇ではない」（駒場アゴラ劇場）にて山縣のソロ作品として上演された（次頁写真）。

作・演出・振付――山縣太一

出演――大谷能生、松村翔子、宮崎晋太朗、山縣太一

音楽――大谷能生

音響――牛川紀政

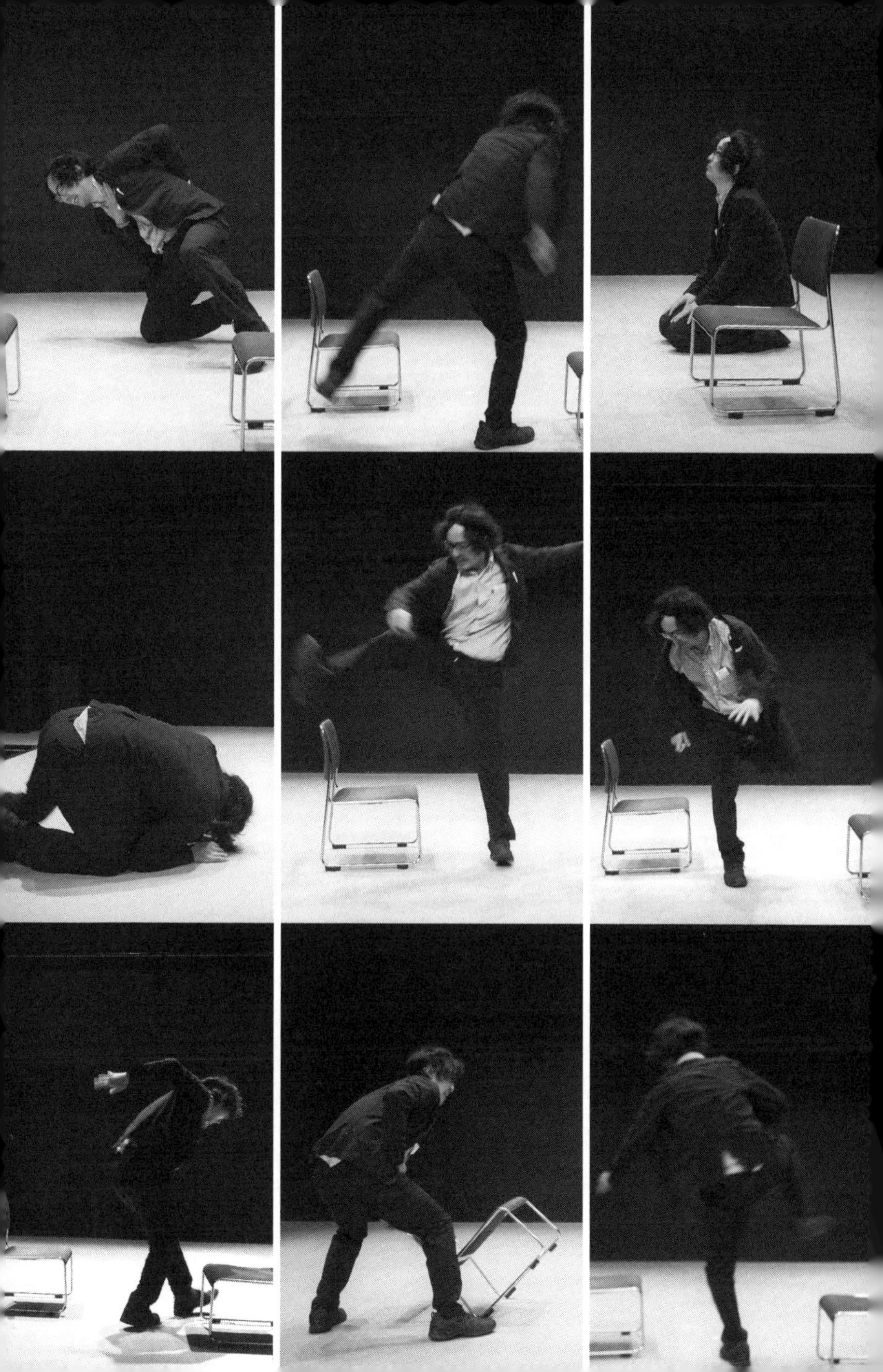

『海底で履く靴には紐がない』

最初の作品です。上演に至る経緯は第二章でも少し書きましたが、「地面と床」（二〇一三）という作品を最後にチェルフィッチュの舞台から俳優として呼ばれなくなりました。いろいろと意見を言いすぎたのだと思いますが、ストレートに言って「干された」わけです。なんとなく前から気配を感じてはいましたから、そうなったら自分の作品を作ろうと思って用意していたのがこの作品です。

この作品は、作品を創造するための権利を俳優に奪還することを念頭に置いて作られました。演劇を作り上げる主体である「俳優」というものの価値を高めるための作品を作りたかった。

レクチャーやワークショップで「俳優」にその手がかりを与える、ということではなく、上演作品として実際に制作し、できるだけ多くの観客に見てもらい、興行としてもきちんと成立させるということが、このような試みにとってはもっとも効果的なやりかただと考えて、旗揚げ公演としては異例なのですが、最初から「二週間・全十二回」という長期間の公演を選択しました。結果、戯曲、稽古、上演スタイルなど、すべての部分で「オフィスマウンテンイズム」をしっかりと実行することができたと思います。

全十一シーン。基本的に一人で上演できるように書かれた戯曲なのですが、初演時には主演に大谷能生、そして松村翔子、宮崎晋太郎、あとぼくも出演しています。主演以外の出演者には、特に発話するためのセリフは書いていません。これらの出演者は主演者のセリフを反射したり、反復したり、拡大したりする役割で、戯曲内の言葉をそのまま使って、大谷さんが発話した言葉や身体の方向性をさらに増やしてゆきます。それぞれがしっかりと太一メソッドで身体の情報量を消していないことが前提になります。そんなわけで、主演以外の出演者の増減はそれほど問題にはなりません。

のち二〇一九年に同作品の「ダブバージョン」としてぼく一人で再演した際（「フェスティバル「これは演劇ではない」於・駒劇アゴラ劇場）には、まずセリフをまったく発話しないまま、身体だけを使って、最後のシーンから最初のシーンまで逆再生状態で演じて、その後もう一度、今度は発話もおこないながら、最初から最後まで再び上演する、という演出で上演しました。戯曲から作った振り付けを単独で上演して見せたわけです。言葉と身体の関係性を見てもらう、ということについて言えば、初演よりもこちらの方が観客の集中力にやさしい演出だったかもしれません。ちなみに「ダブバージョン」の「ダブ」というのは、レゲエ・ミュージックから派生した音楽の制作方法で、ひとつの曲や音にエフェクトを施すことでいくつものバリエーションを作り出すものです。演劇においても、ひとつの脚本から二十の作品を立ち上げることが可能なのだということをこの言葉で示してみました。

さて、初演の稽古についてお話ししたいと思います。

前章でも述べましたが、稽古では、まず脚本を使って自分の身体に振り付けをおこないます。このときからすでに、セリフを発話しながらの振り付けと、発話しないままおこなう振り付けという二種類の動きを作る稽古を実践していました。

じっさいの初演時の冒頭ではかなりながい時間、音楽と一緒に大谷さんが発話なしでシーンを演じる部分を作りました。

稽古場で、大谷さんの身体をじっくりと観察しながら、発話と動きが結びついたり、離れたりしてゆく表現を確認して、同じ言葉からどれだけ多様な動きを引き出せるか、ということを何度も繰り返してみるなど、さまざまな実験をおこないました。ぼく以外の人でもこのような山縣式「振り付け」の作業は絶対できると確信していたのですが、実際に人が取り組んでくれているのを見たのは初めてだったので、とても刺激的でした。

ぼくの戯曲には、いわゆるト書き的なものは書かれていません。俳優に対して「ここでここに立つ」というような指示はまったく書かれていない。あるのは発話するための言葉だけで、俳優はそこから自分で、自分の立ち方とか動き方とか、ステージにおけるその時の立ち居地などを自分で自分に「振り付け」してゆく。稽古の続けるなかで、発話のための言葉から、通常では「ト書き」で書かれるような情報を、自分の身体で掘り出してゆく作業をおこなうのです。

そもそも俳優の個性は、それぞれそのありようが違いますから、一概に外から

「こう動け」、「こうやって立って待ってろ」なんていう指示はできません。そのようにして俳優を、舞台上のモノとして扱うための言葉がいわゆる「ト書き」になるわけですが、それを書かないことで、まず俳優に、舞台に自分がどのようなやり方で上がればいいのか、そこでどのように立てばいいのかを、根本的なところから考えてもらいたいのです。

戯曲を読んで、そこからこの作品で自分がおこなうことのマニュアルを自分で作ってもらう。ぼくの戯曲はこのように、俳優ができる仕事を増やしてゆく方向で書かれています。

多くの戯曲は、舞台上での出来事が終わりに向かって一方向に進むように書かれています。回想シーンなどを挟んで、いろいろと場所と時間が移ったとしても、それは物語の必要から仕組まれていることであって、舞台上の俳優の身体に実際に流れている「時間」とは無関係に作られています。

舞台の上に（および、観客席に）ある身体の変化と、そこにあらわれる「言葉」との関係からは、とても多彩な時間の構造を生み出すことができます。立ち止まったり、反復したり、戻ったり、引きちぎられたり、同時に違うことが起こったり……そういう状態こそドラマとして、舞台の上ではっきりと見せるようにしたい。この作品ではそういった考えを反映させて、シーンの組み立てをおこないました。この本の巻末に、実際の戯曲が掲載されていますので、そちらを参考にしていただきたいのですが、作品は基本的に一人の男のモノローグでできています。同じような内容の発話が繰り返され、同じ状態が反復されながら、シーンごとにすこしずつ変化してゆく。おそらく、物語内で実際に男が話しただろう言葉と、彼が過去を思い出している内省の言葉と、いまの状況を実況する現在形の言葉が、あっちに行ったりこっちに来たり、さまざまに組み合わされて発話されていきます。目の前の一人の男のなかに、さまざまな時間が畳み込まれていることが、さまざまな角度から段々見えてくるように、言葉と言葉のつながりをバラしたり、歪めたり、意味を二重化させたりするようなやりかたで戯曲は書かれています。

このような言葉を身体に反映させて、手は現在にあるけれども、腰骨は過去の方角を向いている、といったように、俳優は舞台の上で身体をバラバラに構成してゆきます。言葉でもって身体の意識を高め、自分の身体から出てくるさまざまな反応を発見する。そして、自分でもコントロールしきれないその「反応」を、自分のなかから出てきた「他人」と考え、その表現を「振り付け」にして、あらためて観客の前に差し出してみる——物語の設定をシンプルなものとして書いたのは、俳優が身体上でおこなっているこのような仕事に対して、観客が十分に集中できるようにしたかったからです。シンプルで、しかも、冒頭から「シーンがループします」ということをはっきりと示すような書き方にすることで、観客を冒頭から、この舞台で見るべきものは「物語」なのではなくて、目の前にある「身体」なのだ、ということを意識してもらう。

たとえば、物語が進まないまま、「手を止める」ということに関する言葉が何度も重ねられることで、「言葉」それ自体に対するセンスが上がっていき、前の言葉といまの言葉とのあいだにあるちょっとしたわずかな違いに注意が向くようになってゆく。

音楽でも同じだと思うのですが、「反復」という構造はその素材に関する受け取り手の解像度を上げてくれます。「同じ」ものが繰り返しあらわれるとき、ふたつの「同じ」もののあいだにある「差異」と「時間」自体に意識が向かうようになってくるのです。この作品ではこういった反復の構造を採用することで、「舞台上で時間とともに変化していく身体」という「素材」に対する観客の感受性に働きかけることを意図していました。

見えているもの、聞こえているものが繰り返され、それが積み重なることによって、前に感じていたことが変わってきたり、これまで繰り返されてたものの意味が突然、明確になったりする。たとえば、「鼻の穴いっぱいにちくのうだが」という言葉が発話されたときに、はじめて、これまで舞台上にあったけれども見ていなかった、俳優の「鼻」の振り付けがクローズアップされて、そこから顔のパーツの運動が良く見えるようになったりするということがあるわけです。

オフィスマウンテンの戯曲には「ダジャレ」が多い、というようなことを言われることがよくあります。「ダジャレ」とは、似た音を並置したり、混在させたりすることで、言葉の意味を二重化したり、脱臼させたりすることですね。

実際に発話される言葉は、その前後の文脈のなかで、現在形の時間のなかで次々とその意味が更新されていきます。たとえば演劇においては、観客は舞台上の言葉をその場ではじめて聞き、その場でその意味を判断して、意味を汲み取ってゆきますが、俳優もまたこのような「意味が宙吊りになった」ような状態に、毎回毎回繰り

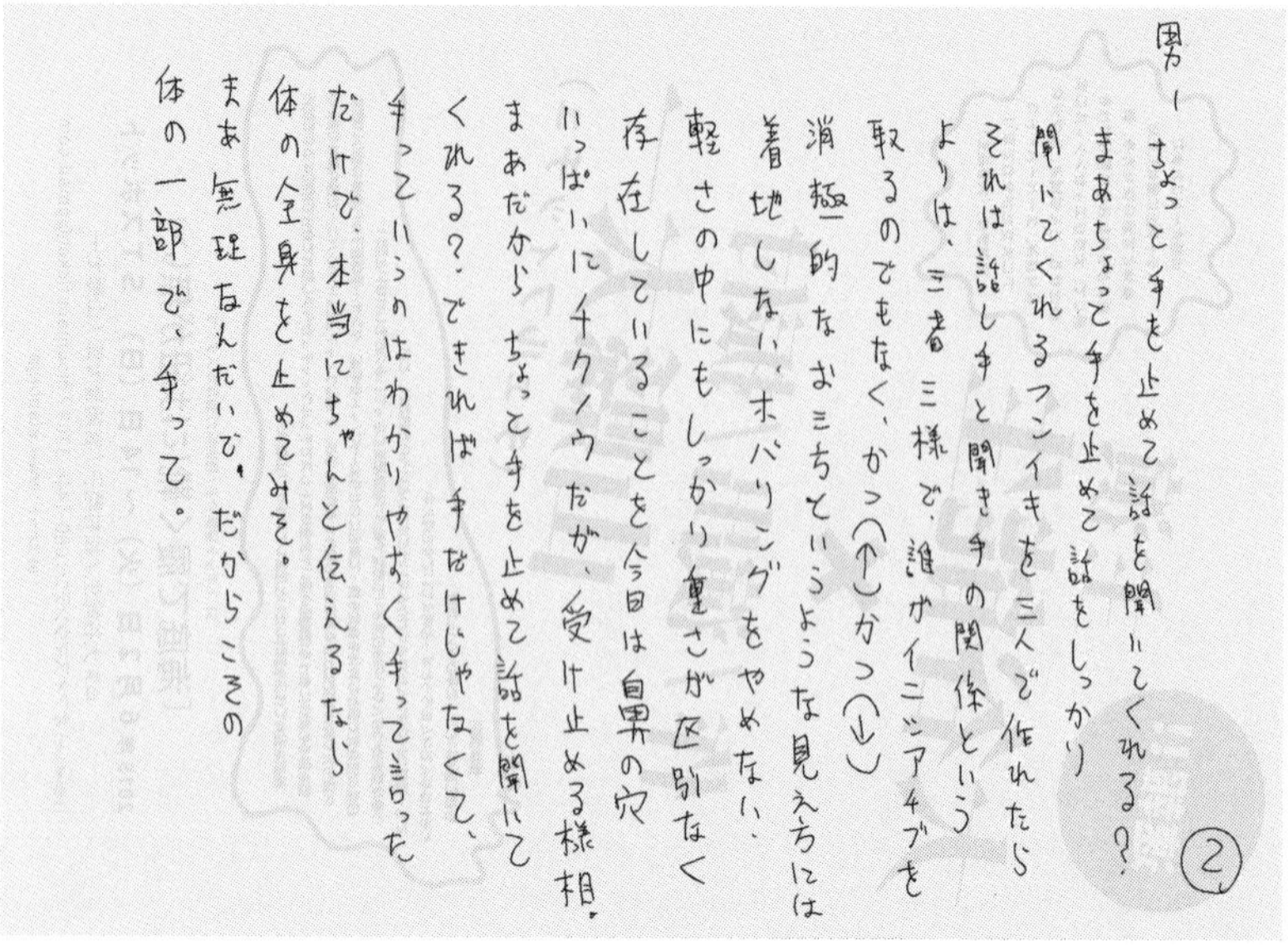
男1　ちょっと手を止めて話を聞いてくれる？
まあちょっと手を止めて話をしっかり
聞いてくれるフンイキを三人で作れたら
それは話し手と聞き手の関係という
よりは、三者三様で、誰がイニシアチブを
取るのでもなく、かつ(↑)かつ(↓)
消極的なお三方というような見え方には
着地しない、ホバリングをやめない、
軽さの中にもしっかり重さが区別なく
存在していることを今日は鼻の穴
いっぱいにチクノウだが、受け止める様相。
まあだから　ちょっと手を止めて話を聞いて
くれる？　できれば手だけじゃなくて、
手っていうのはわかりやすく手って言った
だけで、本当にちゃんと伝えるなら
体の全身を止めてみそ。
まあ無理なんだいで、だからこその
体の一部で、手って。
②

男1
ちょっと手を止めて話を聞いてくれる？
まあちょっと手を止めて話をしっかり聞いてくれるフンイキを三人で作れたら
それは話し手と聞き手の関係というよりは、
三者三様で、誰がイニシアチブを取るのでもなく、
かつ（↑）かつ（↓）消極的なお三方というような見え方には
着地しない、ホバリングをやめない、
軽さの中にもしっかり重さが区別なく存在していることを
今日は鼻の穴いっぱいにチクノウだが、受け止める様相。
まあだから ちょっと手を止めて話を聞いてくれる？　できれば手だけじゃなくて、
手っていうのはわかりやすく手って言っただけで、本当にちゃんと伝えるなら
体の全身を止めてみそ。
まあ無理なんだいで、だからこその
体の一部で、手って。

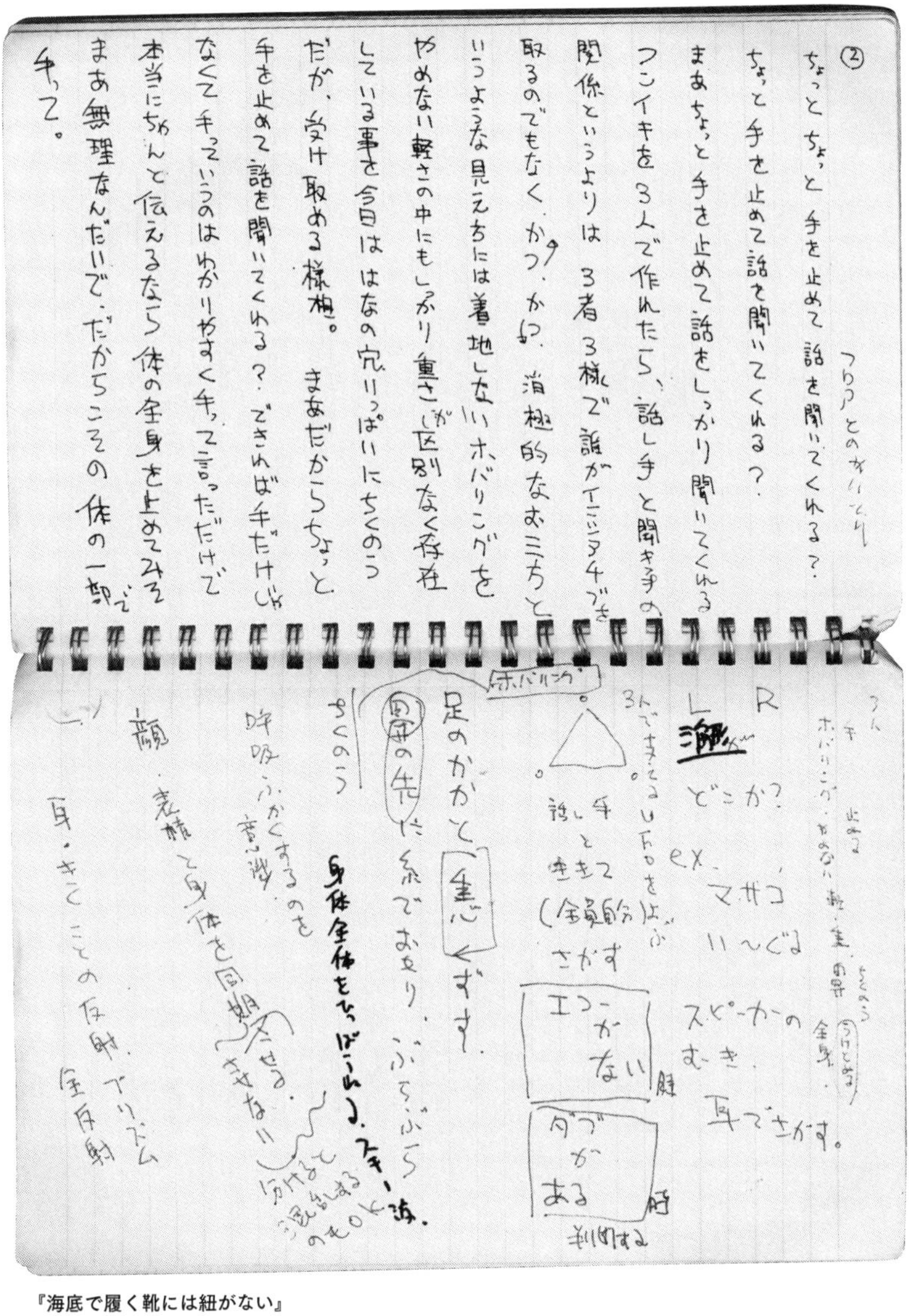

『海底で履く靴には紐がない』

右頁上／山縣太一による戯曲原本

右頁下／俳優に渡された戯曲

左頁／大谷能生によるノート

返し、自分の発話する言葉をおいておく必要があります。オフィスマウンテンの戯曲のなかで、「ダジャレ」と捉えられている言葉は、そのような「言葉の向かう先を複数にしておく」ことを、俳優にその身体とともに具体的に考えさせ、実行させる手がかりとして配置しています。言葉自体を不安定にしておくことによって、発話という行為を毎回発見しなおすための回路を作っておく。ぼくはそのような意図から、言葉を圧縮したり変形させるかたちで戯曲を書いています。

この作品では他にも、発話の中に、手、鼻、髪型、唇など「身体」のパーツをさまざまに折り込んで、また、「からだの動きにストップかけてくれる?」のような、見る、見られる、聞く、話す、といった行為についての言葉もたくさん登場します。

俳優はこうした言葉を発話しながら、当然ですが、そうした行為や身体の部分を意識することになり、また、観客も、聞こえてくる言葉と目の前の身体の各部分をつなげながら、俳優が意識している部分を一緒に見続けることが容易になる――このような仕掛けも、戯曲を書いているときには考えていました。物語ではなく、俳優を見てもらうための工夫のひとつです。俳優と観客が一体になって、舞台上にある身体への意識を高めたり、ずらしたり、ひっぱったり……ミニマルながら、いろいろな作業が可能な戯曲になっていると思います。これまでのぼくの戯曲のなかでは、もっとも良く書けているもののひとつかもしれません。

じつはそもそも、「煙草の煙が上がってゆく」っていう、それだけの演劇があったらいいな、と思っていたんです。ぼくはそういう音楽が好きなんです。モノトーンというか、コントラストを排除して、ただ煙草の煙が上がっていくだけの演劇。この作品では最後のシーンで「煙草の煙」がようやく出てきますが、実際には煙は上がらないし、特に心理表現もないままに、観客の想像力のなかで煙草の煙が上がってくれればいいなと思って、この戯曲を書きました。

「ドッグマンノーライフ」

初演　二〇一六年六月一日〜十三日／横浜STスポット（神奈川）

オフィスマウンテン二作目。岸田戯曲賞を受賞することを念頭に作られた作品。仕事を辞めて主夫になる男と、代わりに主婦を辞めて家の外に働きに出る女性。外の世界では非正規雇用の人間達が悲喜こもごもに蠢いている。比較的「わかりやすい」作品で、他の作品と比べるとオフィスマウンテンらしくないとも言える。岸田戯曲賞にはノミネートされたものの、結局受賞には至らず。

作・演出・振付——山縣太一

出演・振付——大谷能生、松村翔子、山縣太一、横田僚平、矢野昌幸、上蓑佳代、中野志保実、藤倉めぐみ

音楽——大谷能生

音響——牛川紀政

再演　二〇一八年一月十七日〜二十一日／横浜STスポット（神奈川）
二〇一八年二月十四日・十五日／急な坂スタジオ（神奈川／TPAの急な坂ショーケース「Steep Slope Showcase」）

出演・振付——大谷能生、稲継美保、山縣太一、横田僚平、矢野昌幸、上蓑佳代、中野志保実、児玉磨利

『ドッグマンノーライフ』

『海底で履く靴には紐がない』を書いて上演した時には、もう、「これで演劇界を変えられる！」と思っていたのですが、ところが実際には全然そんなことはなくて、観客と演劇関係者から多少の反応があったくらいの感じでした。自分の考えていることはまだまだ普通には広まらないんだな、と実感して、じゃあもう「岸田戯曲賞を取っちゃおう！」ということで、次の戯曲を書き始めました。それが『ドッグマンノーライフ』です。

出演者が七人ぐらいいて、ある程度「物語」があって、という設定にしたのは、そういう作品じゃないと岸田戯曲賞は狙えないよ、というアドバイスをもらったたからです。ということで、リストラにあった男がいて、その奥さんがいて、パートで働いていて……みたいな、モノローグを辿ればそれぞれの生活が見えてくるような群像劇を書いてみました。ぼくの作品としてはごく例外的に、最小限ではありますが、上演後にト書きを書き足したのも同じ理由からでした。結局、岸田戯曲賞はノミネートはされたものの、落選しました。

この作品の弱いところは、「スーパーのパートの人たちの物語」ということにしてしまったので、「若者の労働事情」とか「非正規雇用者の問題」とか「ひきこもり」とか、そうした分かりやすい時事問題と絡めて受け取められてしまいやすくなってしまったところですね。そういった社会的なテーマを訴えるつもりはまったくなかったのですが、単に「政治や世相を反映した作品」と思った人も多かったようです。

やはり、少しでもそういった時事ネタ的な要素が入ってくると、観客の一定数はそういったもののもつストーリにひっぱられて、目の前の俳優の仕事には目が向かわなくなってしまう。「この作品はこういうテーマ」と一度思われてしまうと、もう俳優が何をやっても「意味」に還元されて見られてしまって、実際に舞台上で起きていることはどんどん見逃されてしまう。そうしたことを実感しました。時事ネタ的要素は戯曲にではなく、もっぱら俳優の身体表現に任せるということで、これからは気をつけたいと思っています。

また、この作品で俳優の人数を増やしたのは、『海底で履く靴には紐がない』で、毎回上演が終わったあと、大谷さんの身体がとてもしんどそうだったので、人数を増やしてセリフを振り分ければ、少しは労力が減って楽になるかな、と思ったのですか、結果的には全然そうはならなかった。仕事量はセリフの多さとは関係ないということ、いままでも分かってはいたものの、あらためてそれを理解しましたし、そのことが作品にもはっきりとあらわれていると思います。

舞台上には上演中ずっと、箱馬を並べて作ったゲージで隔離されている大谷さんがいます。仕事をクビになって部屋にひきこもっているという設定で、シーンが進むごとに、その外側のメインフロアに俳優が登場して、発話して、そのまま舞台に残って、だんだんと舞台上の人が増えていく。冒頭に十分ぐらい、初演では松村翔子さん、再演では稲継美保さんと大谷さんだけのシーンがあって、大谷さんはセリフがないまま延々と動き続ける。

大谷さんは戯曲を読んで、だいたい三十日分の時間のなかで、ワンルーム・マンションでおこなう料理とか、洗濯とか、昼寝とかいったさまざま家でおこなう動きをもとにした「振り付け」を作って、ゲージのなかでそれをおこない続けています。大谷さんのセリフがあるシーンは戯曲全体で三箇所だけなんですが、それ以外はそのゲージのなかで、戯曲から作った「家にいる人の時間」の身体を展開し続けている。

それに対して、「パートの店員たちの時間」がその外側に置かれている。そしてさらに、その二つの時間を横から見ている客席がある、というような舞台の構造になっています。大谷さんと俳優と観客、という関係がはっきり分かれていて、互いをそれぞれ断面的に横から見る、みたいな感じですね。役者も正面の方向を意識しながら動いたり、前後を入れ替えたりとか、それぞれが「面」というものを意識して動いたり、発話したりする。

俳優ごとに正面の方角がみんな違うという感じです。そして途中で全員が揃って正面を向くシーンがあるんですが、そこではじめて、みんなの「面」がそろって観客と対峙する……そんな風になればいいな、と考えていました。フロアが分割されているからこそ、「柵のなかにいる大谷さん」対「他の俳優」対「観客」が互いに十分に「見られている」っていう関係を強く作れるんじゃないか、と。

柵で隔てられているからこそ、お互いに安心して眺めることができるという、たとえていえば、「動物園」で動物を見るようなイメージをＳＴスポットに持ちこんで、そして、最後のシーンだけゲージの向きが変わって、観客席がその内側になる。そういった構造で、メインフロアの俳優たちは演技をする方向をそれぞれが意識しながら、ゲージの中の大谷さんを観察して、さらに、その観察する姿を観客に見られて……といったかたちで、「見る・見られる」ということが生み出す関係によって、より積極的に身体に影響を受けてほしかったのです。しかしメインフロアの人数が多かった分、視線が錯綜してしまって、少しわかりにくくなってしまったように思います。

前作同様に、この作品でも、戯曲からそれぞれが振り付けを考え、喋っていない時でも身体で話し続ける、ということを実践してもらうために、登場してセリフを発話したあとも、俳優にそのまま舞台に残ってもらう場面を多く作りました。

発話の時も、それ以外の時も身体の強度を落とさない。発話し終わったあとも、そのまま、セリフを身体で繰り返し続ける、など、いわば舞台上の全員が同時にセンターで、とにかく思いっきりうるさい状態でいる感じを作りたかったんですね。動物のように、自分の時間をそれぞれが独立してバラバラにキープして、観客は自由にそのどこを見ていても楽しめるようにしたかったのです。

そういった状態を作るためにも、やはり各人が戯曲を読み込んでいることがどうしても必要です。読み込み方は俳優それぞれですが、たとえばこの『ドッグマン』の戯曲には、大谷さんが気づいたように、たくさんの動物の名前が書き込まれています。とりあえず、文脈を無視してそれを拾い上げてみるというのもおもしろいかもしれません。

たとえば大谷さんのワンシーン目だけでも、犬がいて、アシカがいて、ウツボがいて、リスがいて、トラがいて……と、結構な動物園になっています。あと、腰や首や肩や手という身体のさまざまな部分も頻出するので、「リス」の「トラ」が「腰」で「クビ」みたいに、黙読してセリフをおぼえながら、それぞれのイメージをばらばらに身体に反響させ、いわば俳優が踊れるような工夫を戯曲には凝らしてみたつもりです。

中野

・慣れない体
・台詞にとらわれない
・その場のできごとを意識

鼻の通りで確認 通り道を

車イスのところ

アクロバティックにならない

・鼻意識 「車イスだ」鼻の通りを再確認

・肩意識 右 馬《触》、左 おまんじゅう《食べる》

後ろに逃す

上半身動かさない
足から動かない
アゴで肩を見る

お立ち台
斜めにつながってる

横田

オハグロン　おユウギ　余白

全部同時スタート

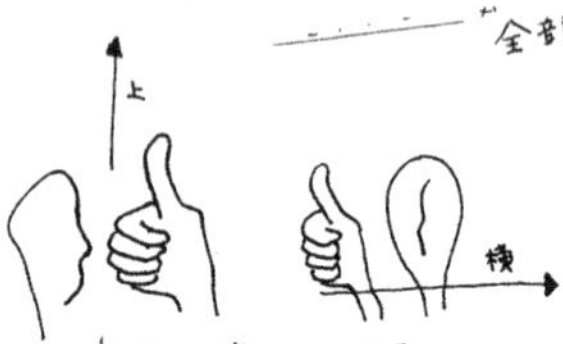

※親指と台詞で合わせない

親指と大谷さんとの分裂

右の腰骨を意識する
いければ右手拳をそえる

押し引きで
体重移動

歌が先行

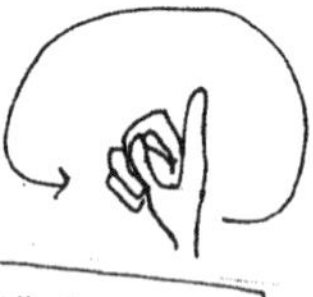

歌
セリフが混ざったり

オンリーヨが廻ってら、1人1人

ブツ切りをくっつけない
混ぜて混ぜて練り練り
→
同時に 同時にチャレンジ
また、チャレンジ

[あふれそう] [もれそう]

ウォークマンウォークキング

[笑っちゃえ]

不自由さの中の自由

反対の動きから回ってくる(挑戦)

左手で
おばあちゃん判したり

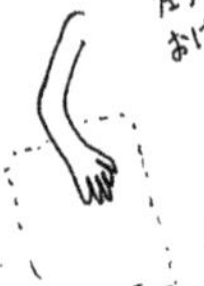

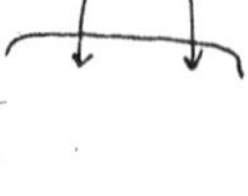

胸をたたく

花

苦手な普段動かさない
ポイントを日常でピクピク
させる

リズム隊よいくぞ

粒子

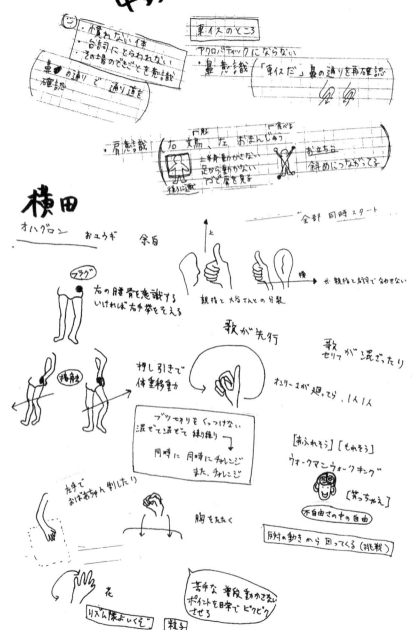

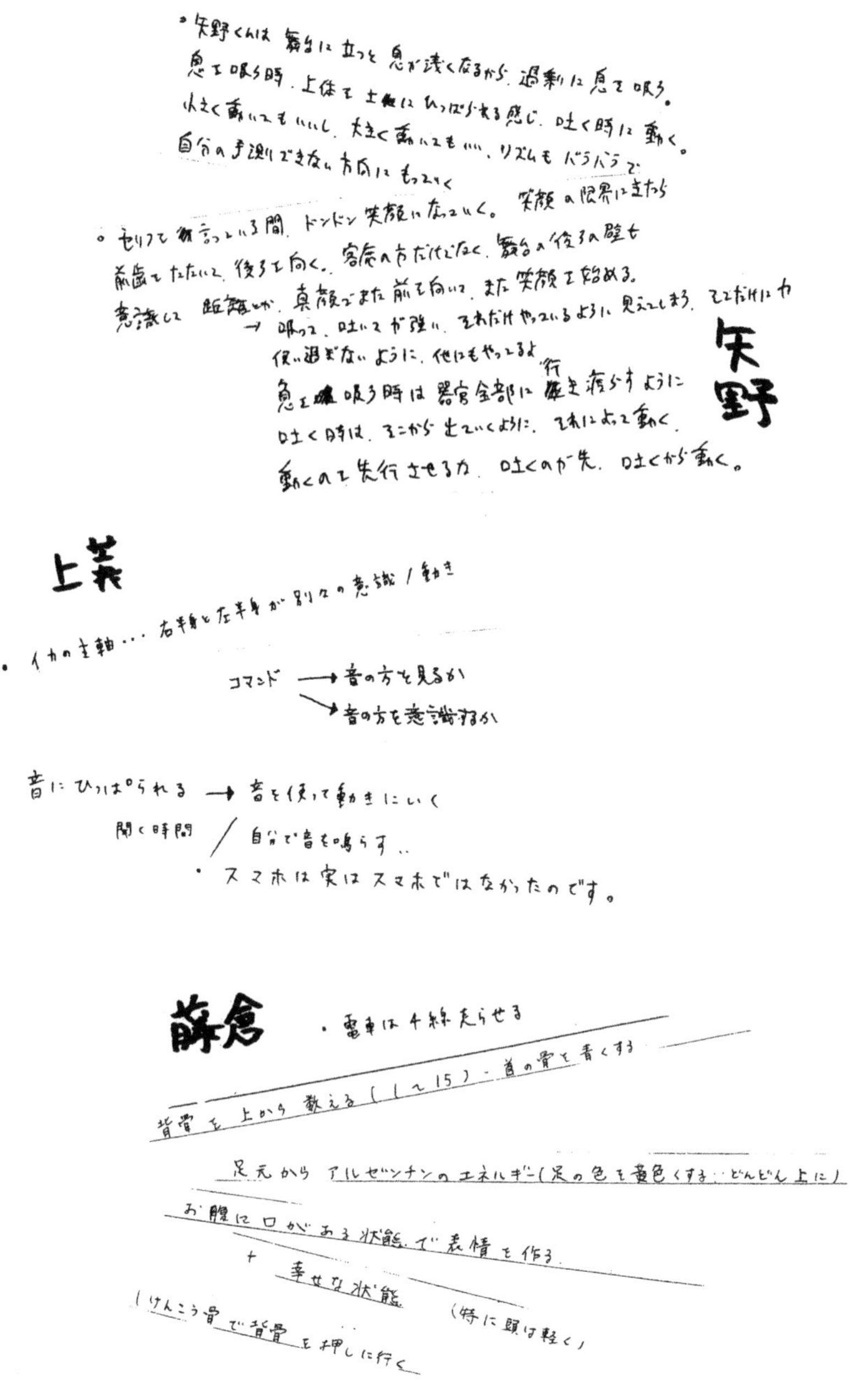

・矢野くんは舞台に立つと息が浅くなるから過剰に息を吸う。
息を吸う時、上体を上に ひっぱられる感じ。吐く時に動く。
小さく動いてもいいし、大きく動いてもいい。リズムもバラバラで
自分の予測できない方向にもっていく
・セリフを言っている間、ドンドン笑顔になっていく。笑顔の限界にきたら
前歯をたたいて、後ろを向く。客席の方だけでなく、舞台の後ろの壁も
意識して　距離とか。真顔でまた前を向いて、また笑顔を始める。
→ 吸って、吐いてが強い。それだけやっているように見えてしまう。そこだけに力
使い過ぎないように。他にもやってるよ
息を吸う時は器官全部に行き渡らすように
吐く時は、そこから出ていくように。それによって動く。
動くのを先行させるか。吐くのが先。吐くから動く。
矢野
上美
・イカの主軸…右半身と左半身が別々の意識／動き
コマンド →音の方を見るか
→音の方を意識するか
音にひっぱられる →音を使って動きにいく
聞く時間 ／ 自分で音を鳴らす…
・スマホは実はスマホではなかったのです。
藤倉
・電車は4線走らせる
背骨を上から数える（1〜15）・首の骨を青くする
足元からアルゼンチンのエネルギー（足の色を黄色くする…どんどん上に）
お腹に口がある状態で表情を作る
＋ 幸せな状態
（特に頭は軽く）
（けんこう骨で背骨を押しに行く

『ドッグマンノーライフ』上演用に稽古中に俳優各人が作った振り付け用のメモ（抜粋）

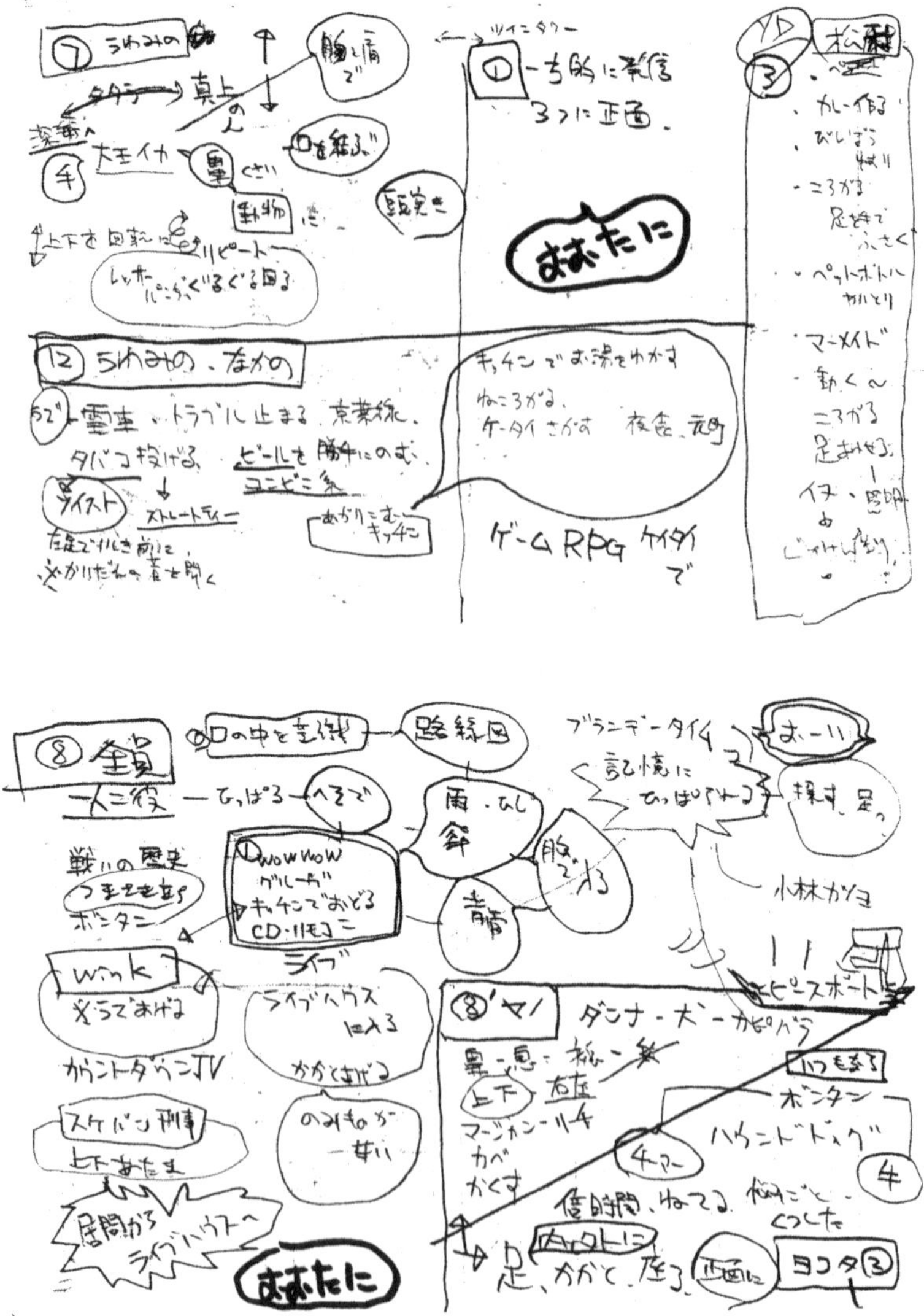

⑦ うわみの
真上
胸と肩で
口を結ぶ
大王イカ
手
鼻
動物
鏡見き
上下を回転にリピート
レッポーハンドぐるぐる回る
ツインタワー
① 一ち的に発信
3つに正面。
おおたに
YD
松
③
カレー作る
ころがる
ペットボトル
マーメイド
動く
ころがる
⑫ うわみの、なかの
電車、トラブル止まる、京葉線。
タバコ投げる、ビールを勝手にのむ
コンビニ系
ツイスト
ストレートティー
キッチンでお湯をわかす
ねころがる。
ケータイさがす 夜店、元町
ゲーム RPG ケイタイで
⑧ 全員
口の中を意識
路線図
一人二役
ひっぱる
へそで
雨、なし
ブランデータイム
記憶にひっぱられる
おーい
探す、足。
小林カツヨ
戦いの歴史
ボンタン
wow wow
グルーヴ
キッチンでおどる
CD・リモコン
胸で
ライブ
ライブハウスに入る
かかとあげる
Wink
カウントダウンTV
スケバン刑事
上下あたま
のみもの
居間からライブハウスへ
おおたに
⑧' ヤノ
ダンナ
ピースボート
上下
左右
ボンタン
ハウンドドッグ
牛
4つも
かくす
足、かかと、座る
正面に
ヨコタ③

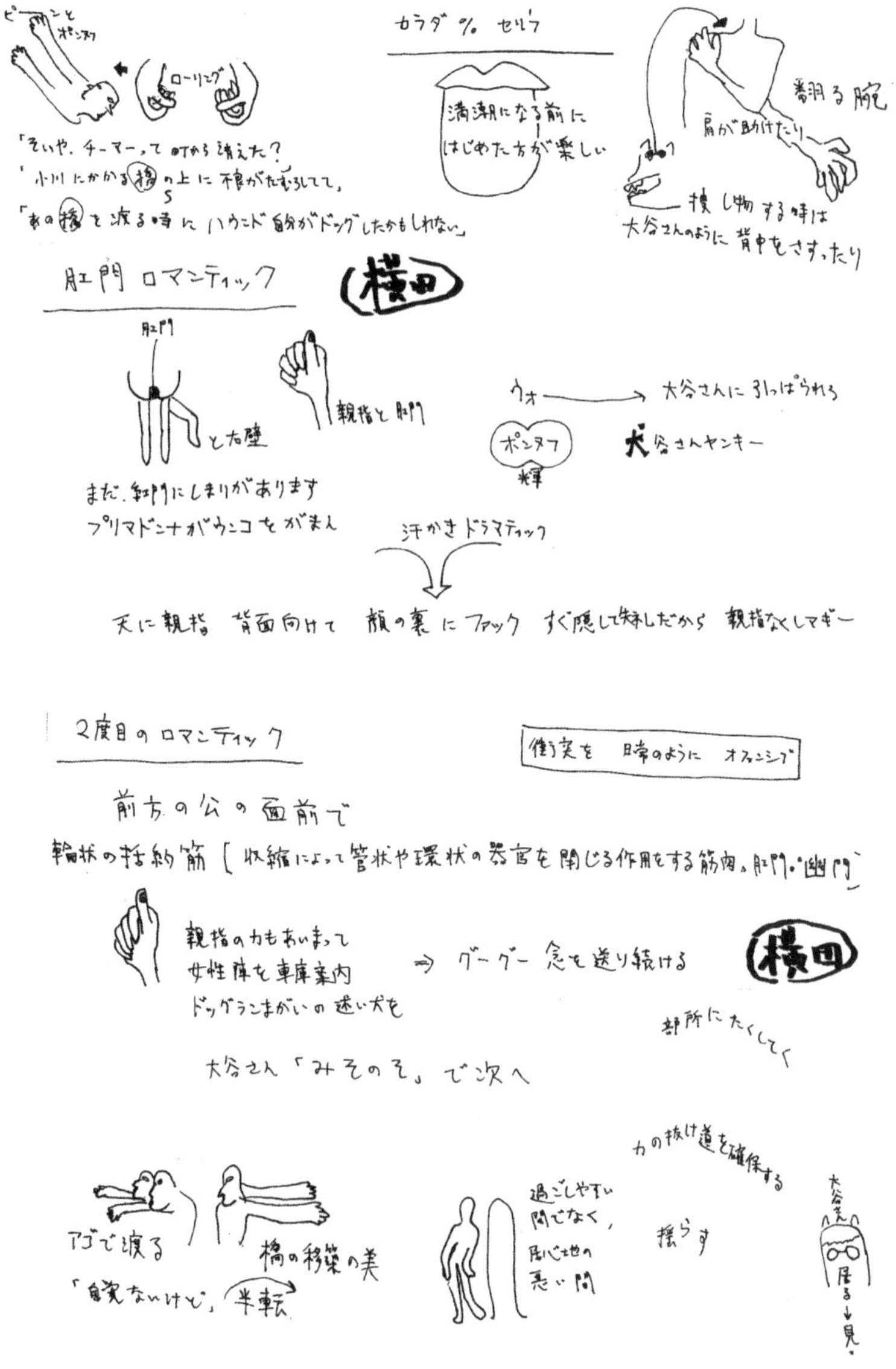

『ドッグマンノーライフ』上演用に稽古中に俳優各人が作った振り付け用のメモ（抜粋）

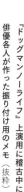

男1

⑨

おーい。おーい。っていや演劇っぽくないですか？
こういうの？でも今のおーいは家内を探しての
おーいだったので悪しからずうつぼかずら。
呼んでみもざガラスのくつでうちのは
スーパーのパートに行ってるんだった。
家内には迷惑かけるなあなあ
家内って呼んでるのに家外で働かせてるし
~~家の外犬~~もともと室内犬だったんだけど
今は外犬、八犬伝。はあう（ため息にちかい）
というのも割愛しますがそれもこれも
ルビーモレノ。うだつの私が下がらない
鼻っぱらピノッキオ。ようするにリスのトラです。
こしです。いやクビです。（イテテ）
主人の私がしっかりしないとあるじなんて
いえた立場じゃありませんね。
家内も外じゃ流行れサーファーしてあるじが
ウツになりましてなんてラッパ吹いて回ったり
転がったりしてるみたいですから
むしろダーリンは外国人くらいの割り切りち
かセルフプロデュースの紋付はかまかななどと
口をゴモつかせてます。だいぶはしょりまして。

男1：おーい。おーい。っていや演劇っぽくないですか？こういうの？でも今のおーいは家内を探してのおーいだったので悪しからずうつぼかずら、呼んでみもざガラスの靴でうちのはスーパーのパートに行ってるんだった。家内には迷惑かけるなあ、なあ、家内って呼んでるのに家外で働かせてるし、もともと室内犬だったんだけど、今は外犬、八犬伝。はあう。（ため息に近い）というのも割愛しますがそれもこれもルビーモレノ。うだつの私が下がらない鼻っぱらピノッキオ。要するにリスのトラです。コシです。いやクビです。（イテテ）主人の私がしっかりしないとあるじなんていえた立場じゃありませんね。家内も外じゃ流行にサーフィンしてあるじがウツになりましてなんてラッパ吹いて回ったり転がったりしてるみたいですから、むしろダーリンは外国人くらいの割り切り方がセルフプロデュースの紋付袴かななどと口をゴモつかせてます。だいぶはしょりまして

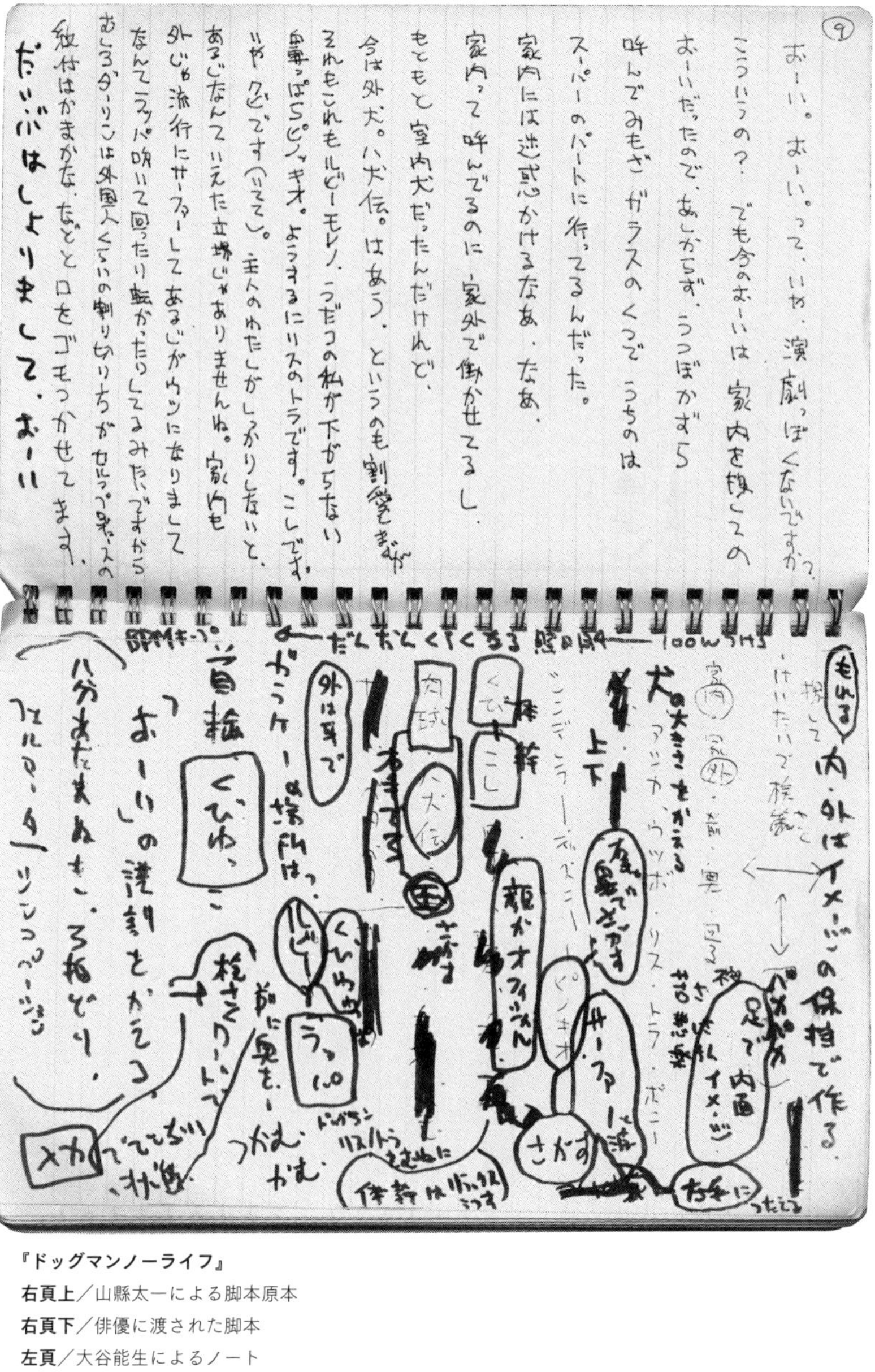

『ドッグマンノーライフ』

右頁上／山縣太一による脚本原本

右頁下／俳優に渡された脚本

左頁／大谷能生によるノート

一人ごちつきま

田力　家内は外犬になって気のせいかイキイキして
いるように見えます。ケガのかさぶたか？
室内犬向きじゃもともとなかったのかジュセヨ。
反対に小生は実は元栓室内犬だったか？。
そういえば動物園等で見かける人気のない
ポニーなどをじっとりとした目線で追いか
ける様なクソガキだったけな。。
こうして今風に言うに引きこもりとかニート
になってみるとずっとこうしたかったのかも
と一人ごちつきま。　明日の事なんて何も
なくて、小犬みたいにねむって。家内がパート
から帰ってくるとなぜだか元気なのは
一日体たらく休みっぱな小犬の自分より
一日中外で野良犬達ちょうちょうや半
してきた家内のほうが元気そうや。
輝いちゃう。気のせいか髪の色も
明るいピュアブラウンていうの？ノリカの
やつに。どんどん外犬化していってる家内。
内実は私はどんどん室内犬に
足がやせてく毛深くなったか？

⑫

男１：家内は外犬になって気のせいかイキイキしているように見えます。ケガのかさぶたか？室内犬向きじゃもともとなかったのかジュセヨ。反対に小生は実は元栓室内犬だったか？そういえば動物園等で人気のないポニーなどをじっとりとした目線で追いかける様なクソガキだったけな。。こうして今風に言う引きこもりとかニートになってみるとずっとこうしたかったのかもと一人ごちつきま。明日の事なんて何にもなくて、子犬みたいに眠って。家内がパートから帰ってくるとなぜだか元気なのは一日体たらく休みっぱな子犬の自分より一日中外で野良犬達ちょうちょう半々してきた家内の方が元気そうや。輝いちゃう。気のせいか髪の色も明るいピュアブラウンていうの？ノリカのやつに。どんどん外犬化していってる家内。内実は私はどんどん室内犬に。足が痩せてく毛深くなったか？

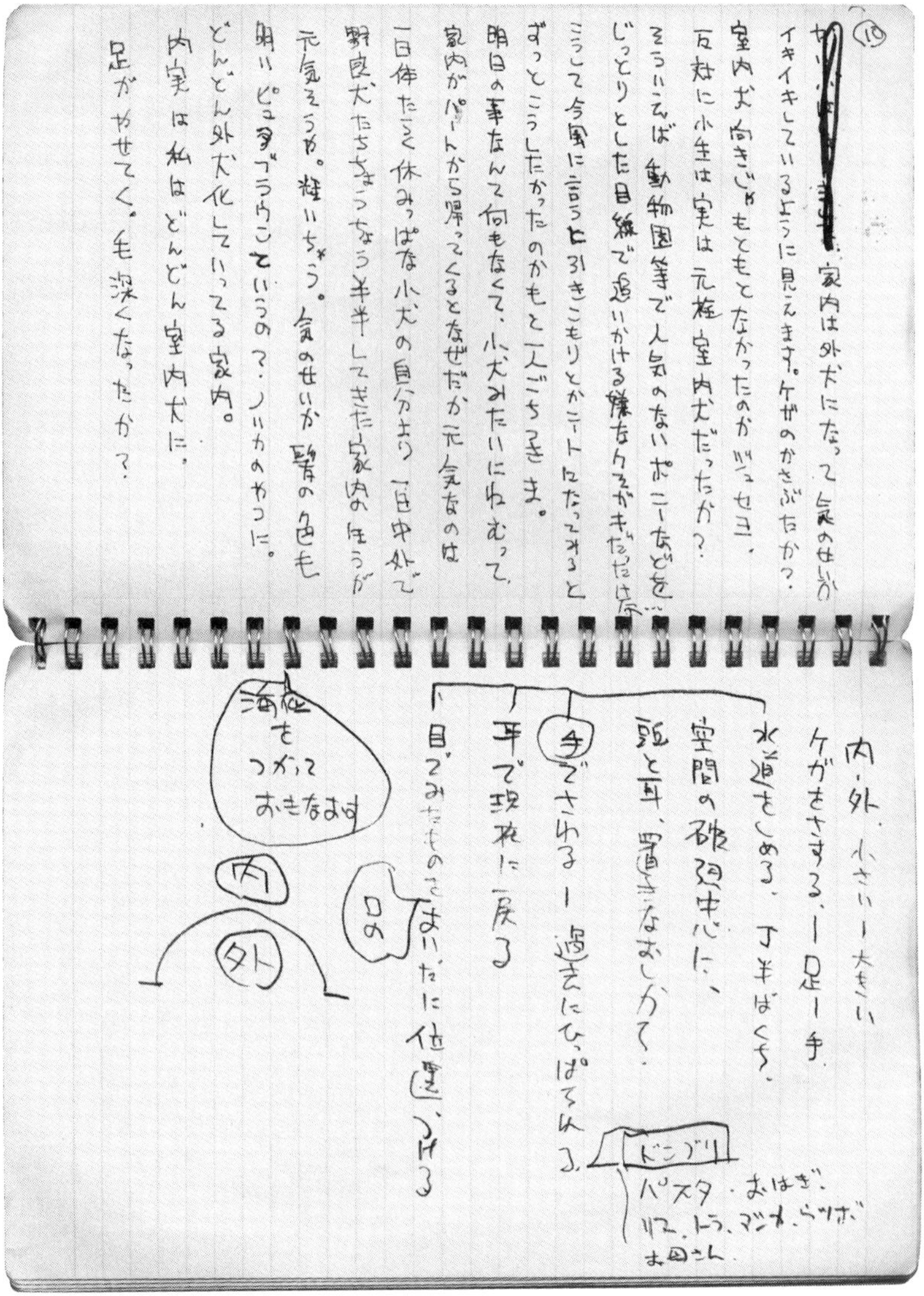

『ドッグマンノーライフ』

右頁上／山縣太一による脚本原本

右頁下／俳優に渡された脚本

左頁／大谷能生によるノート

あとは「家内」と「家外」などの、空間や方角をあらわす系譜の言葉や、ガラスの靴、ピノキオ、シンデレラ、ルビー、という、いわばディズニー的なアトラクションの系譜があったり、犬の大きさということで「大」と「小」という対比があったりとか……。一つの口で同時に二つの言葉は言えないので、発話は常に単線形で進めてゆくしかないのですが、言葉では「犬」って言っているのに、腕は「リス」になっていて、さらに「クビ」が下半身で受け止められている、といったように、身体のそれぞれの部分が独立してイメージを持つことができると、発話の他に、複数の時間の流れを作ることができます。

またその流れは、ステージ上の、自分とはべつの俳優の身体がおこなっていることと結び付けられることで、さらにもっと複数形のイメージをあらわすことができる。視覚はパノラマなので、ひとつのセリフに対して複数の視覚情報を結びつけることができるのです。こんな風にして舞台上の時間というのは、複層化することが可能なのです。俳優も、そして観客も、見えているものと聞こえているものを自由に結びつけながら、俳優と俳優の関係性も複数にして、さらに、見ている人と見られる人の関係も自由にして、舞台と客席との「見る・見られる」という関係すらも変えてゆく——そういった仕事をしている俳優がステージに七人いる、という状態が理想でした。

稽古では、出演する人数が増えた分だけ、ひとりひとりの身体をしっかりまず見るという作業に時間をかけました。メインフロアにどのように俳優を配置するか、という構造的なことよりも、まずは個々人の動きをしっかりと作る。舞台上での見え方などの俳優のアンサンブルに関しては、通し稽古を繰り返す中で、なるべく俳優のひとりひとりにスポットライトが当たるように調整していきました。

この作品に関しては、横浜国立大学准教授の平倉圭さんが長い批評を書いてくれました。俳優の動きの分析と発話との関係を微細に辿ってくれた素晴らしい論考なので、興味があるかたはこちらを是非読んでみてください。

http://hirakura.blogspot.com/2017/06/blog-post_23.html

「ホールドミーおよしお」

二〇一七年五月二十四日〜六月十日／STスポット（神奈川）

オフィスマウンテン第三作。ぼく山縣はロックフェスには絶対行かないけれど興味はあるので、フェスの話を想像で書いてみました。音楽で踊るという行為より、生活の中で踊る自分や踊らされている人を描けないかな？つまり、それぞれの自分なりのフェスってあるんじゃないかな？そういうのを大事にしよう、って感じで作った作品です。

作・演出——山縣太一
出演・振付——大谷能生、難波幸太、横田僚平、矢野昌幸、児玉磨利、宮崎晋太朗、稲継美保
音楽——大谷能生
音響——牛川紀政

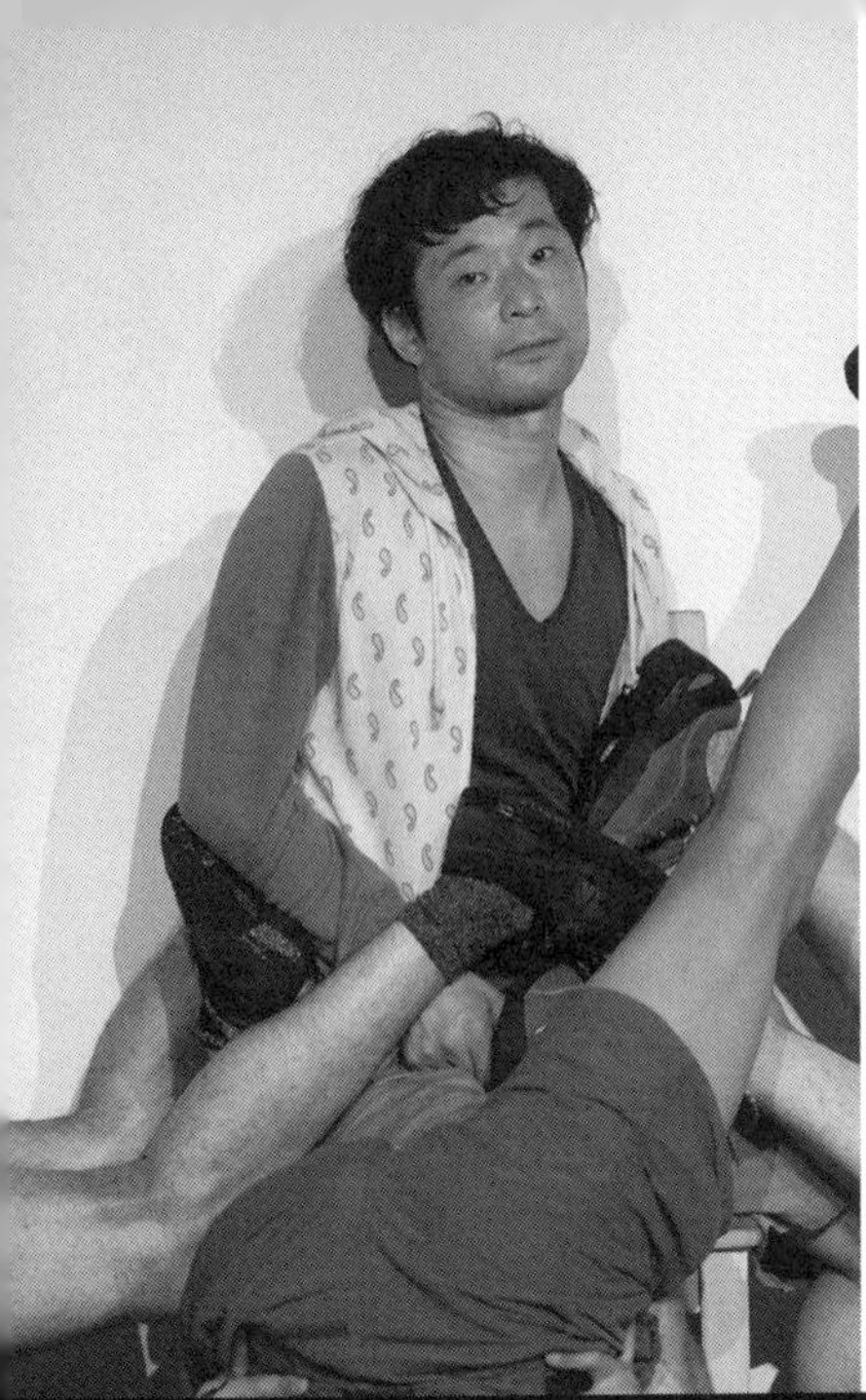
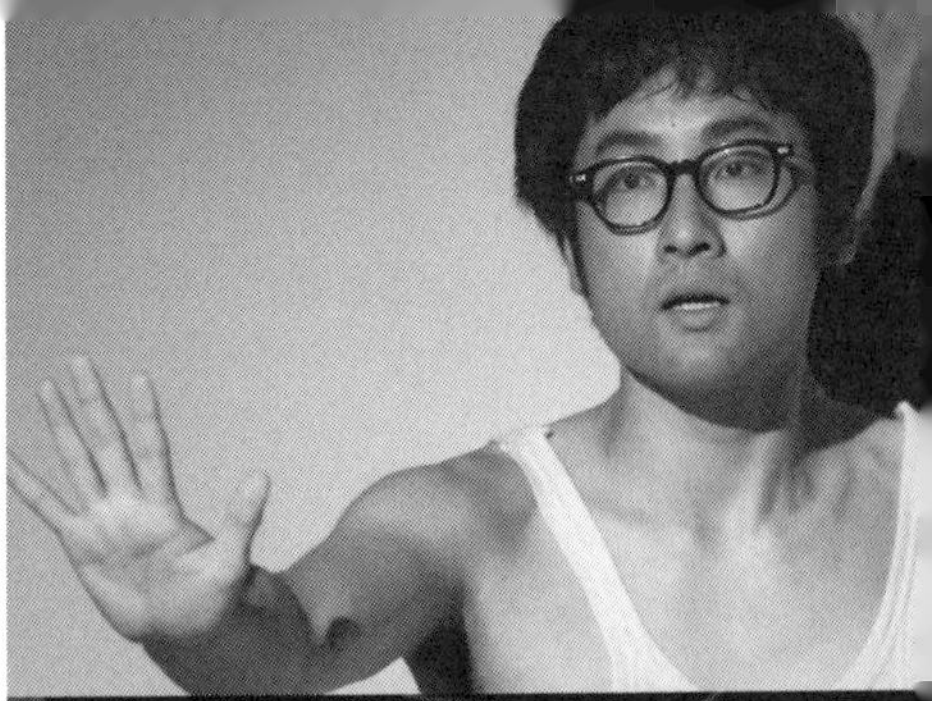

『ホールドミーおよしお』

次の作品も「大谷さん」対「俳優」という関係性で作りたいなと思い、『ホールドミーおよしお』（以下『およしお』）を書きました。「このタイトルでほんとに大丈夫？」と聞かれたりもしたんですが、そこは無理を言ってこのままで通しました。結果的には全然良かったんじゃないかと思います。

ぼくはロックフェスには絶対に行かないけれど興味はあったので、そんなフェスの話を想像で書いてみたのです。音楽で踊るという行為より、生活の中で踊る自分や踊らされている人を描けないかな？　と思いました。つまりそれぞれ自分なりのフェス。そういうものを大事にしよう、っていう感じで作っていきました。

『海底で履く靴には紐がない』は、ずっと一人の視点からの劇で、『ドッグマンノーライフ』は群像劇でした。けれどそこに登場する時間や空間は、じつはそれほど広くないんです。大谷さんはずっと同じ場所にいるし、パートの人も部屋と職場を電車で移動する設定が出てくるぐらいで、俳優は多いのですが、だいたいみんな同じところにいたわけです。本作『およしお』ではもう少し時間と空間を縦横斜めに使いながら、遠近を感じさせるような時空間を作り出すことに挑戦してみました。

大谷さんは、トイレでずっと旅行雑誌『るるぶ』を読みながら、北海道のことを考えている。矢野昌幸と横田遼平は車でフェスに行く。ほかにたとえばキャバクラとかバイトとか、ワード的にはポップな感じが散りばめられているし、狭いコミュニティの中で楽しんだり、苦しんでたりするということを感じさせるセリフもあるので、多くの人がシンパシーを抱きやすい内容にはなっていると思います。

この作品でぼくははじめて舞台に出演しないで、稽古からずっと俳優の身体を見るという役割に徹することができました。脚本もやはり稽古前にわたすことができました。途中一箇所だけ、児玉磨利のセリフを、その時に書いていた別な作品から追加しましたが、割り振りをちょっと変えたぐらいで、完成まで持っていくことができました。

『ドッグマンノーライフ』の時から、一人で上演できることをわざわざ大人数でやる、一人芝居をみんなで分担して上演する、といった方法を試しはじめて、この『およしお』でも、書かれたセリフを誰が発話するかについて稽古場で決めていったりとか、さまざまなやりかたを試みてみました。全員が戯曲のすべてのセリフを覚えることが定着してきたからできた試みでもあります。一人の身体に複数の役を立ち上げる、という作業と同時に、ひとつの役をみんなで分割する、ということもおこない、舞台上で起きていることの情報をさらに複層化してみる試みです。

この作品には、これまでのメンバーに加えて、初期チェルフィッチュに参加していた難波幸太が出演してくれました。『ドッグマン』をなぜか偽名で予約して見に来てくれていたのをトイレで見つけて、その場でオファーしてOKをもらったのです。大谷さんに拮抗出来る俳優が欲しかったので、生粋の俳優である彼を大々的に使うかたちでこの戯曲を書いたんです。

幸太くんは舞台に上がるのは久しぶりだったので、かなりしっかりと、集中的に彼の稽古をおこないました。彼はチェルフィッチュの作品にも出演していて、演劇がストレートに大好きな人間なんです。しかもいろいろと天才的で、たとえばチェルフィッチュの作品では長台詞が多いのですが、彼の場合、舞台に立つための作業量が多すぎて身体が追いつかず、よくセリフが飛んじゃって、そのたび口のはしっこにあぶくをたくさんためたまま「わーっ」となって容量オーバーになったりして、本当に最高なんです。

最初はチェルフィッチュの演出家・岡田利規さんもそれが面白い、という方向でOKだったんだけれど、途中からいわゆるきちんとした俳優を優先的に使うようになって、幸太くんみたいな人を外していってしまった。

幸太くんは誤解してゆく天才なんです。たとえば演出家が指示することなどについて、自分なりの理解でどんどん進めていく。その理解は間違っていることが多いのですが、そのまま、自分のアタマの中にあるストーリーをずっとつむぎ続けられる特殊な強度を持った男なんです。自分がやっていることが絶対に正しいと思っていて、人の話をなかなか聞いてくれない。何を言っても耳をふさいでしまって、結果、自分を傷つけながら自分を追い込んでいく、いわば古いタイプの俳優ですね。だから、稽古には時間がかかるんですが、その過程からじゃなきゃ作れないものがたくさんある。演劇には絶対にそういう面倒くささも必要なんです。

劇団のなかには「感覚をフレッシュに保つために、なるべく稽古はしない」みたいなやりかたで作品を作っている場合もあるそうなんですが、ぼくたちはとにかく、稽古を繰り返して、何度も同じシーンを練習して、そのなかから、何度でも毎回新鮮におこなえる要素を見い出していく。そのようなやりかたでなければ、ぼくは人前に出せる作品は作れません。

稽古を続けながら、幸太くんの頭のなかのストーリーと、その外側にある、他の俳優のストーリーとかがクロスして、どんどん作品が、妙な、豊かな方向へと広がってゆく。それと、彼は共演者のやっていることとか、言ったことに対して光を当てるのが意外なことにうまいんです。たとえば矢野くんの横に立つことで、矢野くんがやっていることを明確に見せたりとか、そういった効果を出せる人なんです。本人はほとんど無自覚にやっているんですけど、そういうことができる天才なんです。そういう彼の才能を知っていたので、そういったものを稽古でどんどん引き出して、結果、作品のためにとてもいい働きをしてもらえました。

そのように稽古でストイックに彼を追い込んだので、この作品が終わったあと、ちょっと二年間ほど休養させてほしい、と言われたのですが、そろそろ帰ってくるんじゃないかな、と思っています。幸太くんを見て、他の俳優たちはずいぶん影響を受けたんじゃないかなと思います。少なくとも、「いい俳優」の定義はゆらいだと思います。

この作品あたりから、「大谷」対「役者」みたいな分かれかたではなくて、ようやくみんなで一緒に作品を共有して考えるという、集団制作としての演劇の作り方できるようになってきたと思います。自分で考えて、自分たちで自発的にアイディアを出して、それをみんなで稽古場で秤にかけてゆけるようになってきた。『ドッグマンノーライフ』までは結局、ぼくが俳優から出てくるものを拾って、最終的な状態を判断して作品と結び付けてゆくというような作業をしていたところが正直、多かったのですが、このあたりから、各人が自分でその判断をおこなう努力が十分できるようになってきた。自分で試してみて、壊してみて、また組み立てるということを、自主的におこなうことが当たり前になってきて、脚本の細かい説明もほとんど必要がなくなって、建設的な稽古を続けられました。

もう少し実際の舞台上の話をすると、大谷さんはずっと椅子に座っていて、そこから俳優と観客を眺めて、さまざまな場所に光を当てるというか、彼らの話を聴きながらその場面の想像的なフォローをおこなうといった役割を担当しています。船とか飛行機とか車とか、乗り物による移動を想像させるような戯曲なので、止まっている身体でもって、逆に「移動の時間」を生み出してゆく試みです。

演劇のなかで、「ここじゃないどこか」を想像させることは常套手段です。それをさまざまなかたちで、美術や照明に頼らずに、俳優が想像する、観客に想像させるという作業だけで実現したかった。距離にかんするヴァリエーションをたくさん作って、戯曲の言葉も引っ張ったり、圧力をかけて短くしたりして、そこに「空間」や「時間」のカットアウトや長回しを感じてもらえるように戯曲を書きました。『およしお』というタイトルも、大谷さんの名前を左右からぎゅっと圧縮して作った造語のようなものなのですが、戯曲の中にはそういった仕掛けがさまざまに作ってあります。意味的には一言で大丈夫かもしれないところを、言葉にいろんな邪魔を入れて引き伸ばしたり逆に圧縮したりして、そこに流れている「時間」を想像させる。そしてその時間を身体で表現してもらう。そんな戯曲になっているはずです。

この戯曲は、第十七回ＡＡＦ戯曲賞（愛知県芸術劇場主催）の最終選考まで残って落選しました。ネットで公開審査の中継があったので見ていたのですが、審査員には全く理解されていなかったと思います。戯曲を踊りながら読めない人には、オフィスマウンテンの戯曲はまったく用がないものなんだということがつくづくよくわかりました。

大谷さんはこの作品のことを、海難事故とか交通事故の話だよね、という掴まえかたをしていました。最初のシーンで、大谷さんがしばらくひとりで椅子を動かしながら舞台上を歩く振り付けがあるのですが、大谷さんいわく、韓国の海難事故の探索ということで、沈んだ船に潜って遺体を捜す場面を考えていたそうです。

もちろん、そんなことは戯曲には書かれていません。大谷さんは「メーデー」とか「お遍路」とか「北海道」とかいう言葉から、身体にそういった動きを振り付けたそうです。舞台上では座ったままなのですが、想像力のなかでは、すごい遠いところ、海底どころか極端にいうと前世とか、かなり遠い時間まで旅している。ほかには一緒にいる俳優たちを、「フェスに行く途中で事故って死んだ人」というふうに頭の中で変換して、その人の声を聞いたり眺めたりしている。ハレとケ、フェスと日常、旅行とトイレ、みたいな関係を作っておいて、その磁場のなかに言葉と身体を置いて反応させる、みたいな想像力を駆使した作品の作り方だと思います。

この戯曲では、まだ実際の場所とか移動手段みたいなものが発話のなかに入っています。たとえば「フェス」という言葉もそうです。イメージをしやすいというか、安いイメージに逃げ込みやすい。それに引っ張られてしまった俳優が、そのイメージから発話してしまう、ということが起きたりもしました。つまり、発話の終点から話してしまうというか、そういう状態だと、ある前提を観客にも自分にも押し付けてしまって、「フェス」という言葉を観客と一緒に経験することができなくなってしまうんです。もっと積極的に、ずっと移動中というか、あいまいな宙吊りの時間や空間に俳優は居続けるべきなのですが、「フェス」という言葉に身体が負けてしまい、時間をショートカットしてすぐその場所に行ってしまう。この作品のもつ時間というのは、もう少しロードムービーっぽくなるはずだったのにな、と少し反省しています。

この作品のつぎに書いた『能を捨てよ体で生きる』では、さらにどんどん具体的な場所などを示す言葉を削り、そしていわゆる「シーン」も存在しないという戯曲になりました。

「ワークショップ」

二〇一七年十一月二十二日、二十三日／急な坂スタジオ（神奈川）

二〇一七年九〜十一月の間、全十二回の一から作品を作るワークショップを急な坂スタジオで行い、その成果発表として上演した作品。『ワークショップ』というタイトルは参加者の一人であり、現在オフィスマウンテンメンバーの岡田勇人が命名。全員の特徴から出てきた振り付け、全員の生活から出てきた言葉をベースに、参加者の岡田勇人、小川敦子、小山智之がセリフを書き、山縣太一によって構成された。ただ作品に出演するだけではなく俳優が能動的に作品に関わることをコンセプトに俳優に対して作品の作り方、身体の振り付け方を伝え、出演する作品をできるだけ自分の作品にするように伝えました。

作・演出・振付・出演——宇都有里紗、大竹ココ、大山大、岡田勇人、小川敦子、甲斐ひろな、小山智之、外桂士朗、竹内瑞枝、竹中亮平、徳田珠生子、那木慧、渕上夏帆、松田文香、山中志歩、吉見由香

構成——岡田勇人、小川敦子、小山智之

講師——山縣太一

『ワークショップ』

いわゆるワークショップをはじめたのは、だいたいいまから七年くらい前、二〇一二年頃からだったと思います。「横浜STスポット」の、その時の館長だった大平勝弘さんから勧められたのが最初でした。その頃にワークショップを受けていた俳優たちは、そろそろソロ作品を発表しはじめています。

定期的に開くようになったのはこの二、三年です。最近参加する人たちは、すでにチェルフィッチュ時代のぼくを見たことがない人も多くて、オフィスマウンテンから知ったという人が増えてきました。ぼくたちの公演を見て、「こういうのがやりたい」と思って来た人たちです。それを知って、少しずつでも、自分がやりたいことは伝わってるんだな、という実感があります。とてもいい感じです。

短い期間のワークショップだと、そこで得られた成果は別の場所で自分で生かしてください、ということで終了するのが通常なんですが、二〇一七年、横浜の「急な坂スタジオ」をお借りして、三ヶ月間、週に一度というペースで、割と長めの、しかも二十人くらいが参加する大規模なワークショップをおこないました。そしてこのときは、いい機会だと思い、最後にそこでおこなったことをもとにして、作品『ワークショップ』を発表する機会を作りました。

内容は、これまで述べてきたとおり、自分の身体を自覚的に見るということから始めて、動きながら、すこしずつその元の身体の動きを拡大させたり、止めたりという要素を加えて、最初に出てきた状態からはみださせていく。そうやって、始めの動きに張り付いていた意味を剥がしたり、なくしたりしながら、自分の動きを他人と共有できる振り付けにしてみる。そういう作業を通して、自分の身体を対象化して、内側と外側から捉えてみる。

こういった作業だけでも、「自分がこんな動きをするなんて思ってなかった」というような感想があったり、それまで思っていた自分と「自分の身体」というのは本当はかなり違っている、ということが分かってもらえました。またほかにしっかり練習したのは、俳優というのはそのすべてをいちいち人に見られながら動いているんだということを理解し、その影響を自覚してコントロールしてみようとする、というものでした。前章までにも繰り返し説明しましたが、とても大切な練習であり、作業です。

ワークショップで教えることのできる内容はそれほど多くないんですが、作品を作ることに自覚的な人は、目が覚めている人はちょっとしたきっかけでどんどんいろいろなことができるようになっていきます。でも、何か教えてもらうまで動かない「待ち姿勢」の人がやはり多いな、と感じます。

俳優は能動的であることを基本姿勢にしてほしいんです。ただ何かを人から習ってできるようになる、というより、自分からやりにいく、その姿勢自身を作るきっかけをワークショップで掴んでもらえればと思っています。

言葉に関する稽古としては、参加者にそれぞれ、自分が日常で他人とした会話を書き留めておいてもらって、それを全員分集めて、バラバラにして、本人じゃない人がその言葉をセリフとして発話する、という方法おこない、そしてそれをもとに戯曲を作ってみました。

最終的に、一本の物語にはなっていないのですが、自分から出てきた言葉を誰かが発話している、あと、自分から出てきた身体も誰か別の人がやっている。そういった状態にある人たちが二十人前後、ステージに上がるという大作になりました。

この上演はワークショップ生の何人かには直接的な効果があって、身体の説得力がぐっと上がって、戯曲との付き合いかたもずいぶん変わったと聞きました。

最初の稽古の時はみんなたいてい、「身体使うのって楽しい!」みたいな感じで、上手くできなかったりしても前向きで作業に取り組んで、生き生きしているんです。そしてなんとなくうまくできた感じになって、さて、次の稽古の時に「もう一回それを繰り返して、強度を上げていこう」という段階に入った途端、みんな少し暗い顔になるんです。この二回目以降が問題で、如実に拒絶反応が出たりする。あるいは、できたと思ったところで終わりにしてしまって、それを自分なりにさらに仕上げる方向に努力して、いつでもどこでも「作品」のために使える状態に持ってゆく、という作業をサボってしまう。対象化する作業まで自分で持ってゆくことができない人が多いんです。

単に、身体を使った面白い遊び方を教わった、という状態で終わってしまい、これを観客の前で、舞台の上で、きちんと作品に結び付けてやるためにはどれくらいの稽古をしたらいいのか、ということを考えたときに、その大変さがはじめて分かって、つらくなってしまう人が多い。しかもぼくたちは千秋楽を作らない、終わったことにしない、ずっと続けなくちゃならないと考えています。これは大変なことですが、ぼくはこうしたことを俳優にずっと言ってきています。俳優としての基礎体力は、反復練習でしか得られません。

そういえば、『ワークショップ』の上演のときに、俳優の表現を受けて、たぶん、そのなかの誰かの動きや呼吸にシンクロしてしまったのか、見ているお客さんの一人が過呼吸状態になって倒れてしまい、救急車を呼ぶことになりました。ぼくの演出では、俳優と観客との距離をなるべく離さないように、という指導をするのですが、その距離の制御ができないと逆に密接になりすぎて、一対一で、観客が俳優の放つ情報量とその強度にロックオンされてしまい、作品に巻き込まれてしまって、身体に思いもかけないダメージを受けてしまう、という事態が起きてしまうことがあり得るのです。

情報量と強度は不可欠ですが、それは俳優がコントロールしなくてはなりません。しっかり稽古をすることでこのような危険は減らすことができるのですが、ワークショップの発表会ということで、まだまだ作品以前の、生々しい身体が剥き出しの状態で並んでいるというままに上演をしてしまったので、それを見たお客さんの身体にも直接的な影響が出てしまったんだと思います。

ワークショップとはいえ、すでに三か月間稽古をしているわけですから、出演者の身体はすでにお客さんの身体とはまったく異なっています。自分の作業に没入してトリップするのではなく、舞台という「異常事態」にあることを自覚して、そこで感じてことをしっかりと掴んで、観客に自分の作業を制御したうえで提示しなくてはなりません。そしてこうしたコントロールにこそ、無限の自由と快楽があるはずなんです。ぜひそれを体感してほしいと思います。俳優は、ひとりひとりがこうした身体への探求者であってほしい。二十年のあいだ俳優を続けてきて、最近はますますそう思うようになりました。

山縣太一演出『三月の5日間』(オリジナル版)

二〇一八年三月十五日〜二十四日／Bellrings Seminarhouse（神奈川）

ベルリンセミナーハウスの柿落としとして、岡田利規作の「三月の5日間」を山縣太一演出で上演した。チェルフィッチュで作り手としてやってきた方法論を以って、自身のメソッドを作品全体に蔓延らせた身体特化バージョン。

演出――山縣太一
出演・振付――大谷能生、横田僚平、山縣太一、飴屋法水、稲継美保、矢野昌幸、江口正登
音響――牛川紀政
作――岡田利規（『三月の5日間』［オリジナル版］白水社刊）
企画・プロデュース――和久田頼男（Bellrings Seminarhouse）
主催――Bellrings Seminarhouse

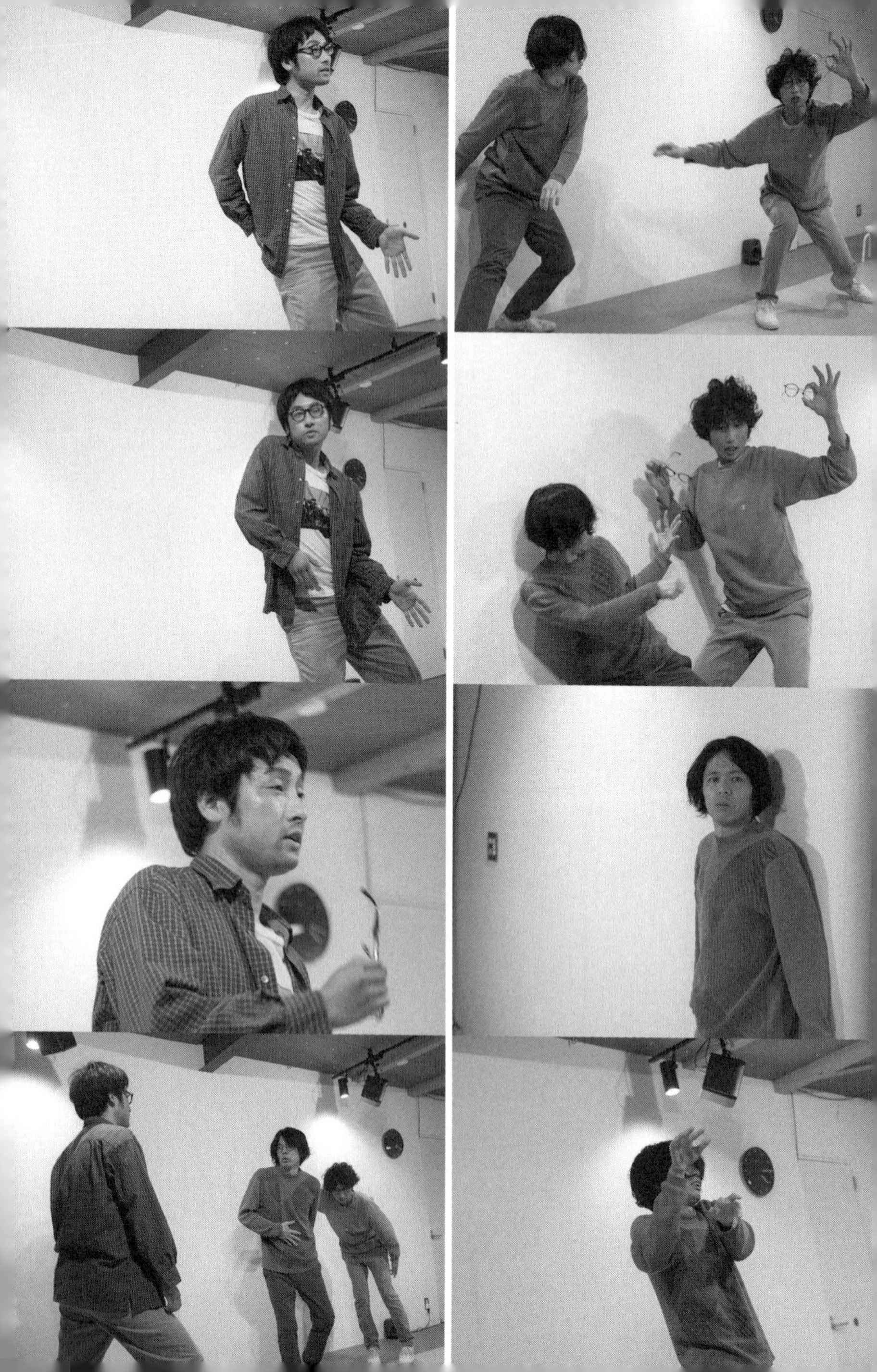

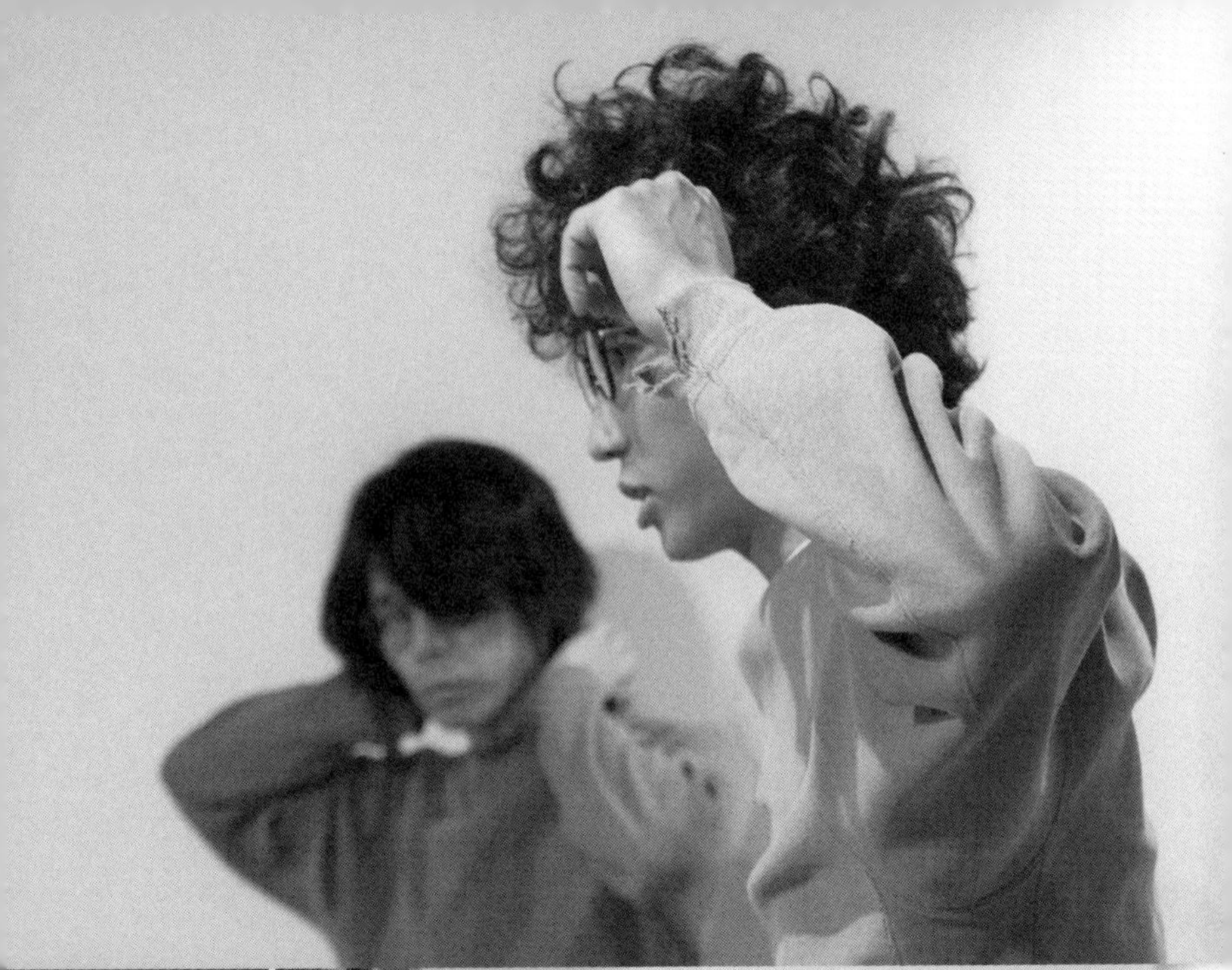

IRON MAIDEN

『三月の5日間』(オリジナル版)

演劇の本もたくさん出している白水社という出版社の編集者で、以前から親交があった和久田頼男さんから、住む人が居なくなった実家をリストレーションしてイベント・スペースにするので、その柿落としとして『三月の5日間』を上演して欲しい、という依頼を受けました。

ぼくは最初、松村翔子さんがやるというのならやりますよ、くらいに答えたと思います。ぼくと村松さんは『三月の5日間』初演時(二〇〇四年)のメンバーで、ずっと一緒に初期チェルフィッチュの作品を作ってきました。ただ彼女は今は俳優をお休みして難しいということだったので、自分が一緒にやりたい人でいいのならやらせてもらいます、という流れでメンバーをキャスティングしました。

スペースを下見に行ったときはまだ改装中で、ほんとにここでできるの？　という感じだったんですが、チェルフィッシュオリジナル・キャストのメンバーの江口正登くんや、けっこう長いあいだにわたって「なにか一緒にやりたいね」と言っていた俳優であり演出家であり劇作家である飴屋法水さんが出演してくれることが決まったので、「三月の5日間」を演出して上演することにしたのです。

会場の「Bellrings Seminarhouse」は本当に一般的な「家」の大きさしかなくて、普通に考えたら稽古場としてしか使えません。一階のそのフロアの半分を客席にして、一番前に座っている人の足がアクティング・エリアに入ってしまう、みたいなぎゅうぎゅう詰めで公演をおこないました。

客席が窮屈だと、お客さんの体力に負担をかけてしまい、舞台に集中するのが難しくなるので、できる限り客席では楽な姿勢で居られるように、お客さんにやさしい席の作り方を毎回心掛けているのですが、このときは舞台と至近距離となりました。しかし俳優の身体で全てを立ち上げるオフィスマウンテン作品の魅力がぎゅっと詰まった舞台になったのではないかと思います。

タイトルにわざわざ「オリジナル版」と付けたのは、同時期にチェルフィッチュでも、若手のキャストによって『三月の5日間』の上演がおこなわれていて、それに「リクリエーション」という補足タイトルが付いていたことを受けてのものです。あちらは若手用にあらためて岡田利規さんが戯曲を書き直して、あたらしい作品として上演するという話だったので、プロデューサーの和久田さんの意見もあり、「こちらは元の戯曲を使ったヴァージョンですよ」ということを示すためにそうしました。けれど、そのあと誰が言い始めたのか覚えていないのですが、いつのまにか「アウトレイジ版」という通称が定着してしまいました。

チェルフィッチュによる『三月の5日間』の感想として当時多かったのは、いわゆる若者の、何を言いたいのかはっきりしないダラダラした喋り方と、ダラダラした身体が舞台に乗っている、といったものでした。批評家からの定番としては、たとえば「うつろうナラティヴ」といったような、セリフについての評価でした。セリフについては戯曲もあるので、きちんと見なくても批評として取り上げやすい部分なので仕方がないのですが、ぼくがこの作品の上演で試みていた「身体」は、じつはまったくダラダラしたものじゃないんです。逆にもの凄く緊張感のある、ものすごい細かく振り付けを与えた強い身体を、ぼくは『三月の5日間』という作品の上演のために用意したのです。

前章でも詳しくお話ししましたが、ダンサーの手塚夏子さんの方法論に学び、身体に対してたくさんの命令を与え、とてもハードな振り付けをおこなったつもりです。ダラダラした脱力した身体どころじゃなくて、むしろ逆で、その方がこうした言葉に対する「身体」として誠実だと思ったんですね。ダラダラした言葉に強固な身体をぶつけて、そのふたつを同時に走らせる。そういった状態の方が、お客さんが見ていて逆にリアルというか、一瞬だけ若者っぽく見える瞬間があったりとか、ともかくただ言葉に従うだけの身体にはならないような稽古をしました。

言葉にひっぱられて、身体が説明的になるのを避けるために、全力で身体を言葉から剥がしにいく、みたいな感じです。身体と言葉を逆の方向に向けて作っていたので、観客の情報処理が追いつかなくなる。そのせいか、「ノイジー」な作品であるとも批評家からよく言われました。

約七十分と、そんなに長い作品ではないんですが、チェルフィッチュで上演したときも、またこのアウトレイジ版でも、ぼくが参加した上演ではどちらも途中で十五分くらいの休憩を途中に挟んでいます。これは俳優のための休憩というよりは、むしろ観客のための休憩で、身体と言葉を別にしたまま、それがどこに落ち着くのかわからないまま引っ張っているのを見ていると、雪だるま式に処理する情報量が上がっていってしまい、途中で処理機能がバーンアウトして固まってしまうことがあるんですよね。「強制終了」みたいな感じで、意識が飛んで、一瞬居眠りしちゃったりする。べつに作品がつまらないから、というわけではなくて、情報量が受け手の臨界点を超えてしまって、身体の方が強引に「見るのはここまでで終わり」となってしまう。寝てしまう、というのは情報処理のためのクールダウンの時間なんです。現在形の出来事は、どこかのタイミングで「ここで一回これまでの情報をまとめても大丈夫ですよ」といったサインを示しておくことは親切だと思います。作品が長くなる場合は、どこかで休憩を入れることは大事なことだと思っています。

『三月の5日間』は、ぼくが書いた戯曲ではないので、これまでのオフィスマウンテンの作品と比べると、テキストから身体を見つけ出す作業は、俳優にとってかなり困難なものだったと思います。

『ホールドミーおよしお』のように、言葉自体を濃縮したりバラしたりっていう作業があらかじめテキストのなかでおこなわれていないので、発話するための身体を作る作業を、これまでの作品とは違ったやり方で稽古していかなければならない、ということがありました。

岡田利規さんの『三月の5日間』の戯曲に書かれてある、言い間違いとか、言いよどみとか、つっかかりとか、反復とか、そういった言葉を太一メソッドを応用しながら「振り付け」にするための練習は、いずれの場合にも必要で重要なものでした。と同時に、多くの発話が結構な長台詞なので、とりあえずそれは普通に覚えてしまわなくてはならない。また、時制や話題がいろいろと変わってゆくなかで、そこで出てくる「物語上の情報」も、ストーリーを支える要素として次の人に引き継がれてゆくので、話の内容もきちんと飛ばさずに、口に出して正確にお客さんに伝わるようにしなくてはいけない。セリフを飛ばしてしまうと、次のシーンで発話されることの意味が不明になってしまうこともあるので、言葉は丸々覚えて、それをフラットに言えるまで練習しておく。

この作品のようなセリフの場合、一字一句間違わずに言うのはほとんど無理としても、そのあいだを「なんか」とか「あの」とかでつないで持たせるのも消極的なので、誤魔化さずにやるための方法を各人で探す必要がありました。それに加えて、身体の情報もしっかりと上げてゆくということで、上演のためにさまざまなスキルが求められた作品だったと思います。

この「オリジナル」（アウトレイジ）版は、俳優の魅力が全員、全方向に極端に違っている珍しい座組だったので、矢野昌幸くんに逆立ちしたままの状態でいてもらうとか、大谷さんの身体をがっちり固定させたままセリフを言ってもらうとか、各俳優の身体に合わせてさまざまな演出を試みてみました。全員でアイディアを出し合って進めることができた、稽古としては理想的なやりかたで作ることができた作品だったと思います。

「能を捨てよ体で生きる」

二〇一八年十二月五日〜十六日／横浜ＳＴスポット（神奈川）

オフィスマウンテン四作品目。継続的に稽古に参加する俳優も増えたので、ずっと温めていた俳優が作品を作る、演じる、毎回立ち上げるという基本形に立ち返りながら最終形を目指すような作品。実際に俳優にも台詞を書いてもらったり、発話はしないけど振付けに使うサイドストーリーを書いてもらったりしました。結果や答えよりも俳優がチャレンジし続ける過程が意識が大事だということを再確認した作品。

作・演出・振付――山縣太一
作・演出・振付・出演――大谷能生、横田僚平、矢野昌幸、児玉磨利
音楽――大谷能生
音響――牛川紀政

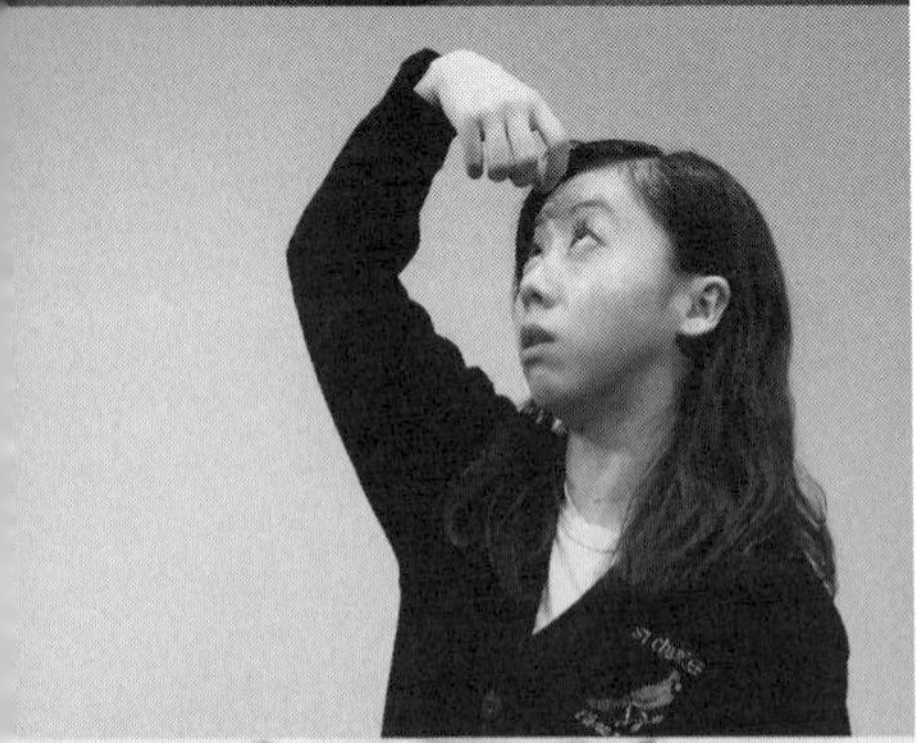

『能を捨てよ体で生きる』

オフィスマウンテン四作品目です。

継続的に稽古に参加する俳優も増えたので、ずっとあたためていた、俳優が作品を作る、演じる、毎回立ち上げるという基本形に立ち返りながら最終形を目指すような作品を試みました。結果や答えよりも、俳優がチャレンジし続ける過程が大事だということを再確認した作品でもあります。

『ホールドミーおよしお』で、かなり一般的な演劇の時空間を作ることができたので、この作品ではもう完全にドラマを語ることをやめて、言葉と身体だけのコントラストで見せよう、と決めました。舞台上の俳優のストーリーは、お客さんにそれぞれ勝手に想像してもらえばいい、ということを考えながら作りました。

俳優の作業はこれまでと一緒なのですが、児玉磨利さんのセリフ以外にはほとんど具体的な場所が設定されていないので、これまでより身体の見せ方とか作り方が、会場である「横浜STスポット」の素のままの状態がずっと続くような、本当に俳以外に見るものがないダイレクトな作品になったと思います。の状態が剥き出しになったまま作業をしている、という、かなりダイレクトなかたちで出せたのではないかと思います。ゼロから立ち上げるということに愚直に立ち向かってもらうということで、大谷さんを囲ったりもせず、椅子すらもなくして、最初から俳優に混ざって、アンサンブルとして動いてもらう。

こういった徹底的な実験は時期尚早かな、とも思ったんですが、そんなことはまったくありませんでした。演出家としてのぼくの仕事は稽古中にどんどん減っていって、この作品では俳優に対して完全に作家性を求めるかたちで稽古をおこなうことができました。

キャストは四人なのですが、その四人が上演中は一回も舞台上から捌けないで(正確には一回だけ、大谷さんが裏に回る場面がありますが)、全員で関係性を変えながら舞台の上に存在し続けます。

音楽のたとえで言うと、アコースティック・ギターで大谷さんが一人で弾き語る、みたいな状態は、演劇でも簡単にできると思います。でも、四人が四人ともアコギを持っていて、それで何か一曲を表現しようと思ったら、その状態を作り上げるには、一人の場合よりは当然、時間がかかります。しかも、誰が誰のバッキングをするとかではなく、それぞれが単体でも成立する表現が同時に四つあって、その四人がバラバラでも、それぞれを組み合わせても聞いていられる、というような状態を作りたかった。これはむしろ、一般的な音楽ではほとんど不可能なことだと思いますが、演劇ではできるとぼくは思っています。

それぞれ違う四つの身体があって、それぞれが違う話を始める。けれどもそれは同じ戯曲であって、そのことを俳優は共有している。そういう状態を舞台で見たかったんです。上手く行かなかった部分もありましたが、満足できる場面も数多くありました。

この戯曲こそ、この言葉から身体用の振り付けをどう作るか？ ということを俳優が悩まなくちゃならない作品でした。タイトルからは、あたかも「脳」と「身体」というパーツが二項対立的に設定してあるように見えるんですが、実際の戯曲はそういう風に単純には書かれていません。

「脳はNO！ 身体はYES！」ではないんです。見えているのは常に身体で、聞こえているのは声で、たとえば大谷さんが発話しているときは大谷さんが「脳」で、矢野昌幸君が「身体」なのか？ というと、そういう風に見ることもできるけど、そうじゃない風に取り扱うこともできる。

また、〈耳なりのいいなりに〉のように、戯曲の中には「操られている」ことに関する言葉がたくさん出てきます。しかし、舞台上の身体はいったい何に操られているのでしょうか。俳優はきわめて本質的な宙吊りの状態から発話しなくてはならず、特に最初の大谷さんの二つの発話シーンは、他の三人との関係をどのように作るかということに関わるので、公演中もずっとベストを探しながら、まさにゼロから毎回立ち上げてゆきました。

〈私の話はさておき〉という、自分で話しながら自分の話をどこかに置いておく、というまさしく文字通り宙吊りのセリフから大谷さんの発話は始まります。すでにその段階で全員俳優は舞台に登場しているのですが、観客には、「ワ、タ、シ、って誰？

どれ？」みたいに見えることが理想だったんですね。

この場合、大谷さんの発話を、その場にいる俳優全員で、その声を自分のものとして身体のなかに反響させることが必要なんですが、自分の身体の作業に集中していると「聞く」ことの意識が低くなってしまって、なかなかそういう状態を作り出せなくなってしまいます。

舞台に居つづけるために、どんなことを、どんなふうにしていたかということとも関係してきます。たとえば児玉さんは戯曲を読んで、まったく違う、ある女性が実際に下北沢から横浜に移動する、といったもう一本の戯曲を書いてきて、それを使って身体を作ったり、矢野君は同時に二シーン分を自分の身体に振り付けながら発話をしたり、それぞれかなりの負荷を自分で自分にかけていたわけです。その分、自分の身体に集中しすぎてしまって周りが見えなくなっていたり、動きが小さくなってしまっていたりということも起きてしまいました。もう少し賑やかな、楽しい舞台になるはずだったんですけれど、俳優はとにかく大変だったと思います。

でも、この作品は同じキャストでも、別のキャストでもいいのですが、またぜひ再演してみたい作品です。オフィスマウンテンの作品は、ここまで書いてきたとおり、それぞれ明確に方向性を変えて作られています。それぞれの戯曲が俳優に求めている作業がはっきりとしているので、稽古とその成果を俳優が実感しやすい作品ばかりなのではないかと思っています。

方法論に基づいた構造がしっかりと作られていますから、それを読み取って稽古をおこなえば、オフィスマウンテン以外の劇団でも充分に上演できるものばかりなのではないでしょうか。

たとえば、『ドッグマンノーライフ』などは、高校演劇などでやったらかなり面白いんじゃないかと思います。以前長野県の松本に、公演とワークショップで行った際、高校の演劇部の生徒たちがこの戯曲を読んでゲラゲラ笑っているのを見ました。この戯曲に限らず、身体への意識を高めるためのトランポリンとして、使いやすいものばかりなのではないかと自負しています。

ぼくにはこれまで大谷能生さんという制作上のパートナーをはじめ、一緒に作品を作ってきた俳優たち、そしてオフィスマウンテンのスタッフたちがいたことで、ずいぶんと助けられてきた部分があるのですが、これからこの本を読んで、こんな演劇の作り方があるんだ、と興味を持ってくれて、一緒に作品を作ってくれる人がさらにどんどん出てきてくれることを期待しています。

そして、演出家と俳優の関係性ももう一度、一から再考してみる。そんな意識を共有してくれる人たちが増えてくれたなら、とても嬉しく思います。

脚本

『海底で履く靴には紐がない』

男1
ちょっとちょっと手を止めて話を聞いてくれる？
ちょっとちょっと手を止めて話を聞いてくれる？
まあ、ちょっと手を止めて話をしっかり聞ける段階に踏み込んだと
こちらで勝手に判断させてもらうと、
後からやっぱり、あの時の二人は聞く状態じゃなかった。
もしくはないし、聞く気がなかった（しょぼん）。
あるいは
ずっと前から私の事をじゃけんにあつかっていて、
じゃけんてわかる？私は漢字では書けないが意味は理解している。
軽く今話がワキにそれたと思っているなら
それは早くもなく遅くもなく
のべつくまなくそっくりそのままの形をとりつつ。
ちょっとちょっと手を止めて話を聞いてくれる？

男1
ちょっと手を止めて話を聞いてくれる？
まあちょっと手を止めて話をしっかり聞いてくれるフンイキを三人で作れたら
それは話し手と聞き手の関係というよりは、

三者三様で、誰がイニシアチブを取るのでもなく、
かつ（↑）かつ（↓）消極的なお三方というよう
な見え方には
着地しない、ホバリングをやめない、
軽さの中にもしっかり重さが区別なく存在してい
ることを
今日は鼻の穴いっぱいにチクノウだが、受け止め
る様相。
まあだから ちょっと手を止めて話を聞いてくれ
る？　できれば手だけじゃなくて、
手っていうのはわかりやすく手って言っただけで、
本当にちゃんと伝えるなら
体の全身を止めてみそ。
まあ無理なんだいで、だからこその
体の一部で、手って。

男1
ちょっとちょっと手を止めて話を聞いてくれる？
できれば手だけじゃなくて無理を承知で
体全体にストップをかけてくれる？
なんて僕レベルのたかだかくだらない
仕事の上での上司がお願いしてはいけない
かしらん？　でも、もう、口から出たマコトのこ
とだから、
もう私の手を巣立った、かわいくもにくらしい、
どうにもやりきれない
……下くちびる。体全体にちかい部分にストップ
ないしあるいは見た目には
動いていない状態にまで自分の体をもってこれた
みたいだなと、僕は思うんだけど、
二人はどう？　のうみそでは理解してなくても
体は正直だなと、僕は二人より数秒早く感じるこ
とが出来た事は、
上司と部下という関係以上に、この関係性に、す

なわち
小宇宙に対して、私自身のピント・ザ・ピントで、さあピント。
私の口から出た、マコトはどこへ向かいましたか？

男1
ちょっとちょっと手を止めて話を聞いてくれる？
ここらでまあちょっと？　を止めて、
話だけでも聞いてみる系？　絶体に損はさせない心づもりはつもり、
積もりに積もって盛り上がって行こうぜー。
って、下げ下げ（サゲサゲ）の俺が言っても信じない系？　ど真ん中何系？
（いきものがかり？　は、おやじでアウト）。
え、かかわりあいになりたくないと申すか？
せやけど、上司やから、しょうがなく話を聞いてみる課？
剣の達人だが、生涯ただひとり切ったことがないという、坂本龍馬を
真似たこのヘアースタイルも気に入らないと申すか？
そこ、インスパイア違う？外見から入ってしもたー。
この時代、切腹は無いので代わりに自腹を切らせてプラセンタ。
飲みいこうYO。今日はとことん盛り下がRO。
あ、一人です。後から二人来ます。
多分。多分。

男1
ちょっとちょっと手を止めて話を聞いてくれる？
うんうん、ちょっと手を止めて話を聞いてドレミ？

うんうん、ちょっと手を止めて話を聞いてくれる？　話し始めにうんうんって
付けたのは、たぶんそれだけで二人の事を分かってるぞっていう
感情がうんうんだけで出せるかなと思ったんだけど、二人の顔を
今こうして代わる変わる見ていると、
そんな事を本当に自分が思ったのか？
色々な事をもっと行動する前に考えるべきだったんじゃないか？
これを考えた時は酔っていたのではないか？あれほど
割とそびえ立っていた摩天楼のような私の
自信は今ガラガラと音を立てずに、
もともと蜃気楼だったのかもしれない。
そうでなければ音はガラガラと鳴るはず。
私が聞きのがしただけかも。ガラガラって音、
聞いた？

男1

ちょっとはしを持つ手を置いて話を聞いてくれる？
ちょっとはしを置いて話を聞いてくれる？
僕の友達の話なんだけど、部下との人間関係に
あたまや半月板を痛めてみてはみているんだ。飲みニュケーションは、
たまに、きずに、ポチに何回かあるんだけど、
おごりじゃないと絶対に来なくて、おごりにおごって
はじめてのアコムがまったくはじめてじゃないみたいなのね？
あ、仕事、お金、体力、知力、のうみそ、
細胞、空気、水、お米。
今、とうとつに
大切だなと思う事を口に出して

言ってみたんだけど、やっぱり人間関係って
大事だよね（テレ）。そんな当たり前だけど
忘れがちな事を目の前でバカバカ
飲んで食べて注文してってていう二人を
見ていて、そう思ったんだ。
まだ、なんかたのむ？

男1
ちょっとちょっと手を止めて話を聞いてくれる？
僕が思うところの、つまり、水のトラブル
500：500で、検索して森田。
千葉バチバチトラブルやば千葉ディズニー 飲み
干して紅茶。
ディスティニーここで見てるよって空メール。
横分けの分際で真っ直ぐに問うていい？
二人は思うにブラウニー、私が思うに
ブラウニー。君らは恋人ではあるまいか？

大きい大王イカ。これはよく見たら
まだ子供のイカだな。ムウ、
深海で何か恐ろしい事が起きてなきゃ（いいけど）。
二人は深海で恋人大王イカ？ さむい夜だから、
あの辺で辺野古まずいよって二人で歩いたりした
ねー。
缶のジュース、あったかいミルクティー、レモン
ティー。世界の終わり、
ここで見てよってストレートティー。
深海に行く機会があれば確認したいことがありま
す。
君ら二人は恋人ですか？

男1
ちょっとちょっと手を止めて話を聞いてくれる？
ちょっとちょっと手を
止めて話を聞いてくれる？ ちょっとちょっと手

ゴボゴボ。ゴボゴボ。
ちょっと手を止めて話を聞いてくれる？
ちょっとちょっと手を止めて話を聞いてくれる？

男1

ちょっとちょっと手を止めて話を聞いてくれる？
ごちそうさまでした。
楽しかったね。楽しかったです。×2
僕がもちろんお金は三人分出資はしたけど、く、
全然（苦）じゃない。むしろ、
色々な話を、も、聞かせてもらって、
根掘り葉掘りイモイモ。
やっぱりおふたりは恋人だったんですね。
いやいや、言わないと決めてた訳じゃなくて
とか、言いたい気持ちあるんだよ。
そっちには。付き合いはじめで、ふたりで、
職場では秘密にするとか、特別な目線、
二人のね、ねっとりした目線。その真ん中に、
を止めて話を聞いてくれる？
うんうんちょっと手を止めて話を聞いてくれる？
うんうんちょっと手を止めて
話を聞いてくれる？ うんうんって
最初に付けたのはそれだけで二人の事を・・
うんうん、ちょっと手を止めて話を聞いて
くれる状態に一人じゃなくて三人で
その関係をコウチクできたと
仮定したら、それははたから見ても三者三様の様
相。
たまには仕事の後に飲みニュケーション、溜飲下
げ下げで
行こうYO、ミクロから逆サイドのマクロへ
ロングパス。通りました。
うんうん、ちょっと手を止めて、手だけじゃなく
て、
そこも、そっちも止めて、見た目が動いて
なければいいから。

ちょくちょく狙ったわけじゃなく、その目線、ねっとりしたね？　職場を斜めに、だいたい斜めの時が多い気がする。そのななめの特別な目線、二人のね、ねっとりした目線。その真ん中に、偶然入っちゃった。入国しちゃいました、な、私なんですけど。（コリアとソースコリア、ベロリンと東ベロリン）

男1
ハネムーンって、みつづきって漢字で書くの？ちょっとちょっと手を止めて話を聞いてくれる？ちょっといつもの空気じゃないなっていうのを、二人ともうすうす、コイコイで感じていると思うう。実はちょっとばかりハレンチな事になってて今。や、ギャグじゃなくて。ギャグじゃなくて。三人の、トリオの、飲みニュケーション？

高めて、ギグして、ジャムしてってコイコイで、必要経費だって思ったんですけどー（ウインク）。会社のお金ってやつに、手を止めて、手を出して、つかんで引っ込めてしまったんだな。この手が犯人。容疑者確保。お手柄お巡りさん、二年後、悪い事して捕まるオチ。お手柄いらない。お手すきですか？手がこんでるなー。この一手間か。くそたわけ手間かけさせやがって。おいおいババア。俺に手を合わせて拝んでんじゃねえ。ハネムーンって、みつづきって漢字で書くの？

男1
ちょっと手を止めて話を聞いてくれる？　そのき

ょりからで良いのですが、
私の変化にお気づきですか？
その距離で、が、見え方として良さげかな？
ドキドキ、同期、動機。そう、タバコ
やめたんですよー。よー。ね？
辞めた理由？　またまたー、知ってるくせに。
最近、三人で飲みに行く機会が多いじゃないです
か？　週二か週三の時も
あるじゃないですか？だいたい駅から近い大岡越
前か、ちょい高めの
酒池肉林に行くじゃない？
その前に僕はATMに行くこともしぱしぱ
あったりするけど、（本当はアコムに行ってるの
さ）
（アコムのメロを口ずさむ）
テーブル店内で三人、まあ、二人横並ぶよね
100パー。僕ひとり
こっち座って、カバンとかよかったらここ置く？

いいですか？
なんか居酒屋に入ってすぐは機嫌が悪いのは何
故？
やたら店員さんにもぞんざいな態度で
おしぼりを店員さんに投げたり、
店員さんのキッチンでもすべらない
白いヒモのない靴をおしぼりで
勝手に忙しく拭いたり。
かけつけで（生ビール）三杯、かっこんでの
あたりから店員さんのひものない
白い靴もだいぶんキレイになってきたらへんで、
だいたい小生はタバコを一盛りするんです。タバ
コ吸うに
あたりテーブル向かいに二人横並び100パーで
私ひとり壁の花だったり、
通路側だったり、店員さんのひもの
無い白い靴が記憶に残ってるから、
通路側だったか？　どちらでも

どちらにしても、マッチやライターで
火をつけた小生のタバコのモクが、
けむりが、並んで座る横並び100パーな
二人にけむりが向かってしまうので、
ケムリを吐き出す時に二秒ほど
考えをはりめぐして、思いついたのが、
口を、くちびるをこうするのね。
こう、曲げて、うん。
下クチビルでもいいのかもね。
うん。そっちの方がいいかも。
とにかくクチビルをこうして
ケムリの方向がこうでしょ?
目の前二人横並び100パーにはケムリが
いかないようにって考えた。
とっさの判断で口を、クチビルを
こうしたのね。
テーブル二人、目の前横並び100パー。
ケムリがいかないようにクチビルをこう
したのね。
テーブル二人、目の前横並び100パー。
ケムリがいかないようにクチビルを
こうしたのね。
テーブル二人、目の前横並び100パー。
ケムリがいかないようにクチビルを
こうしたのね。

脚本

『ドッグマンノーライフ』

登場人物
男1
男2
男3
男4
女1
女2
女3
女4

男2 いつもならこんな事たやすいのになぜか今日は倍くらい時間がかかるって事ない?つかれてる? ううん8時間は寝てるし、何か悩み事?まあ無くはないけど大概くだらない細かい事だし、靴下の片方が見つからないとか、ジーパンの裾上げしないから裾踏んじゃってそのままだとこのままだと破れちゃうけどアクションを起こせない自分に対するイラ立ちイラ座り。そいやチーマーって町から消えた? かなり前に高知県のすげえ田舎に行った時に小川にかかる橋の上に不良がたむろしてて近くに牛とかいるんだけどあれもチーマー? あの橋を渡る時にハウンド自分がドッグしたかもしれない、自覚ないけど、たしかにあの時から当たり前の事がいちいちに気になり出した。例えば目の前の座ってこっちを見てるあなたの事だったり。「ドッグマンノーライフ」始めます。

＊

女1　ちょっと話を口に出してもいいですか？　水飲みながらだと少し耳障りよく聞こえるかもしれないので、水を取りに行ってもいいですか？　いえ、水分補給という意味で受け取られるかもしれないので、ここではしっかりとペットボトルを取りに行っていいか？　と、うたうべきでした。すっぴんに免じて、にんにん、あのー、私じゃなくて主人の、や、旦那のって話で考えたら変ですよね、夫の事を主人て呼ぶなんて、飼われてるわけでもないのに「あるじ」なんて呼び方もありますよね。あるじは奥方に向かってお前とか、おいとか、まるで飼っている動物のように声を掛けたりすることもあるのに、あるじ。で、うちのあるじなんですけど、最近靴下をたくさん買って、一日三足四足買って洗濯に毎日3足4足出してくるんです。靴下を何に？　十二月でもないのに、あるじ？　それで主人が家に朝から月までいるので私が今まで室内犬の私が外でドッグすることにハウンドなりまして、別に暗い話じゃないんですけど、トーンちょっと落ちますよね。代わりに照明はこのまま変えずにいかせていただければ不幸中です。照明の変化に頼らずに身体で明かりも変えろって演出は言うんですけど無茶じゃない？　ちょっと演出の人うすく狂っちゃっててケンカ腰の腰痛持ちだし、光を当てろとか、外の音と自分の身体の中の音との対比を常に意識しろとか訳が分かんなくてって思えばスーパースターになる準備はできたか？　とか真顔で聞いてくるし、あ、話が逸れました。いや台本通りですけど、何か自分がやってることがすごく伝わりにくいから劇中でちょこちょこ説明を挿入したいとか腰抜けなことをしたり顔で言い出したもんで、やらされるこっちの身にもってね？　役者に一番お金を払いたいって常々言ってる人なんで、こっち（お金）期待しちゃいますけどね。（ペロリ）先だって申し上げた通りツレがパグになりまして室内犬わたし外界に遅咲き丼の中のわたし野良犬にさえな私ですけど、こうやって外の広い荒野に一人ドーベル。ちょっとの油断もロットワイラー。おあずけポメラニアン。近くのスーパーでブルテリア働き出してピンシャーは毎日ですけど、だいぶ慣れてきましてもっと早く荒野でドーベルしててもよかったななんてマラミュートちょっと思ったり。泣いたり。最近職場のボーダーコリー達に舌が出てるよって言われることが多くて、自覚がないんだけど、ベロを出しっぱなしにしてるみたい。ベロをしまい忘れるなんてこと今までなかったのにな。チャウチャウチャウチャウチャウ×16

男1　おーい。おーい。っていや演劇っぽくないですか？　こういうの？　でも今のおーいは家内を探してのおーいだったので悪しからずうつぼかずら、呼んでみもざガラスの靴でうちのはスーパーのパートに行ってるんだった。家内には迷惑かけるなあ、なあ、家内って呼んでるのに家外で働かせてるし、もともと室内犬だったんだけど、今は外犬、八犬伝。はあう。（ため息に近い）というのも割愛しますがそれもこれもルビーモレノ。うだつの私が下がらない鼻っぱらピノッキオ。要するにリスのトラです。コシです。いやクビです。（イテテ）主人の私がしっかりしないとあるじなんていえた立場じゃありませんね。家内も外じゃ流行にサーフィンしてあるじがウツになりましてなんてラッパ吹いて回ったり転がったりしてるみたいですから、むしろダーリンは外国人くらいの割り切り方がセルフプロデュースの紋付袴かなな

どと口をゴモつかせてます。だいぶはしょりまして

女2　多々良さんちょっと話を聞いてもらえお耳汚しぃいですか？　多々良さん多々良さん聞いてますか？　やっぱり聞いてないか。ここに多々良さんがいないから無理もないか。自分は本当に腰抜けだな。車イスだ車イスだ車イスだ。腰椎あわれみのだ。多々良さんがうちのスーパーにパートに来るようになって今までいたキャスト、あ、働いてる人の事ね。が活き活きしてきたのは何故だか無関係じゃない気がしてダーウィン探偵会社に頼もうかとも思ったんだけどあれ浮気専門？　ホコリのたたない人は煙でないよね。あばらくわばらあばら。自分なりにリサーチコツコツいってコツ。ところで多々良さん？　あれ？多々良さん？　やっぱりいないか。多々良さんがいないのが悲しぃのじゃなくて多々良いないと思う事がやたらウォウォ

女3　ちょっと多々良さん聞いてくださよ。多々良さんてばって居ないか。じゃあ代わりに聞いてもらってもいいい（EEE）？　自分高校出てすぐ工場に勤めて四年でやめて、え？やめた理由？またまた知ってるくせに。単刀直入れで抜き打ちすると不景気で背骨っすわ。自分うとくておっとりがたなだったもんで今までは主従でやり取り背筋ピーン。言われた事をベルトコンベアーでリードがピーン。仕事も人生もオートマ。家に帰っちゃありラッ〇マなもんで急に世間に放っぽり投げられたポチ。鬼はばかり全部がピン子に見えて、フロイド。そんな折り、朝刊の折り込みにこの大型スーパー「ドッグ論語オン忘レーヌ」の募集が目に鼻にジューってなって頭より身体が先にやっぱり頭が先かな？　飛び込んでたんすわー。多々良さんもその時の募集ですよね？だからいわゆる

うちら同期っていうか。シンパシーでジェラシー見た目も、こっち的にも

男3 おはようございます。お願いします。

女4 多々良さんおツカレ様です。って、あ、目上の人におツカレって失礼なんでしたっけ？まあ

男3 ございます。

タッコ。いーか。最近大王イカの話聞かなくなったなー。まあイッカ。大王イカって焼いてもくそまずいらしいね。臭くてねー。アンモニアのにおいで。アンモニアっておしっこみたいなにおいって事？ 私犬とか猫とかのおしっこのにおいとか大丈夫だから大王イカもそこそこ楽しめるかも。焼かずに食べたらどうだろう？ イカソーメンとか塩辛にしちゃうとか？ 多々良さんどう思います？あれ多々良さん？ やっぱりいないか。じゃあ今までしてた話を多々良さんの前でもう一回しよう。いい意味で練習ができたと思えば恩の字だな。今日は多々良さんいないのか。じゃあ口を真一文字に結んで誰とも口をきかずに一日を終えるかな。への字にするか。真一文字じゃキツイし、

男3 多々良さんてここまでって何で来てるんすか？

女1 ？え・・・とここまでっていう？ のは私のここまでの☆（星）人生っていう意味ですくわ？ それともCOCO（ココ）シンプルに（シャネル）職場までという咀嚼でゴックン（いいのん）？

男3 今日は火曜日か。今日って特売ってペットフードくらいでしたよね。そんなに忙しくなさそうだな。外雨だし。

（テンテンテンも言う）。

（二分間の空白）

女1　三十年。一言で言えばたたかいの昔風に言えばいくさの毎日でしたね。食うか食うかの気の抜けないほうけた状態がエブリデイ。時々母親がカステラなんか買ってきちゃあティータイム。ブランデーたらしてパーティータイム。ブランデーでランデブー。ウィンクって二人ともおバカってちょっと心配かけちゃいました？　キャン？　いくさっていうのは物の例えで本当は切り合ったりはしてませんよ。比喩です。揶揄です。ごもごもです。当時の私のライブは。

女2　ワンワン、ツーツー、スリースリー、フォーフォー、ゴーゴー、ロクデナシ、七転び、八転び、九九九ってその笑い方、まるで十さん（倒産）。

女1　ごめんなさい。昔を思い出してました。子供の頃の記憶に突然引っ張られたりしない？　私時々あるんだー。今がツライのかな？　スケバンブームも二度とこないだろうし。ヨーヨーって言ったって今じゃヒップホップ用語だしＹＯＹＯ盛り下げＹＯ。

男3　ちょっとタバコを飲んできます。話の背骨折っちゃってすみません。

男3　すみません。シケモクがシケってて、結局ライターの火をじっと見て心がざわつくのをただやり過ごしているうちにどこからか陽気なそれで

女1　キャッツ（今の男）は恋を私にほの字、（へのへの）もへ字。今日はドッグフードを買って帰らなきゃ。犬は飼ってないんですけど・・・

いてノスタルタルな歌が耳にいや全身にメタルしてちょっとボディソニック状態。あの歌は多々良さんのオリジナルなジュディ・オンググ？

女1　子供の頃の記憶にふっと意識が飛んでしまう事ってありゃしません？

男3　そう言われましても、こう見えてノンケなんで。（テレ）でも若い頃ピースポートに憧れて小林カツ代さんの本を読み漁った事が自分の恥部として未だにくすぐったいようなそれでいて現在進行形の自分のマインドもナウなのかなとも感じますね。今短時間でかっこつけようなどと思ってしまった自分の卑しさも嫌いじゃありませんし。

女1　子供の頃の記憶にふっと意識が飛んでしまう事ってありゃしません？

男3　再度チャンスをいただけてありがとうございます。もうオーディションは始まっているのですね。小林カツ代の引用がマイナスポイントと捉えて改めまして再考し最高の子供の頃の記憶で、一番ビビットなのは中学生の頃あれは十四才だったか遠足に行って便意がガマンできず、野外でポンヌフした後に紙がないので、Tシャツでヒップを撫で上げてるのを、ヤンキーみたいなボンタン餡に見られて、その後私のしこ名がウンTになったんですね。あれは嬉しかったなあ。その前の源氏名がたんつぼだったんでね。

女2　男が語る自分の昔の武勇伝って本当クソつまんねーな。シケモクシケモクってお前がシケてんだよ。おけら。

女1　聞こえるように言ってんだからちゃんと影響を身体で表現しろよ。

女3　自分に都合がよくない状況になると意識が東ベロリンにフライトするくせ、もうさじいい加減やめたら。

男3　ちょっとタバコを飲んできてもいいですか？　話を鎖骨のくぼみに鮮度のいい状態でためて戻ってきますよって。

女1　よーくしゃーてりあ。

女1　人間（ヒト）として生きて人間（ヒト）として死ぬ。人間のモラルに人間のルール。今は自民党。私は甘党。もう一度糖分を取り戻す。甘塩っぱい人生なんて。タガが外れてきたかな。タガって？　とか、いちいち疑ってもいいんじゃない？　ガタガタ

男4　多々良さんちょっと話を聞いてもらってもいいですか？　多々良さん多々良さん（タラタタタニタタリラリラリラリ）（二十秒の間）多々良さんって結婚してるんですねー。ダンナさんってダンナ人ですか？　やっぱり多々良さんのダンナさんだからドーベルマンみたいなイカついワイルドアットハー？　それとも知性溢れるレトリバーみたいなクリムゾンリバ？　あーダンナさん見てみたいなー。ダナー。や、でも男の価値ってどこが大事ですかね。やっぱりいざという時に頼りになるアウトドア系の学校では教えてくれない事をたくさん知ってるモジャ男？　それともハッカーみたいなよく分からない機材とか使いこなしてタクシーの無線とかも傍受しちゃったりなランキンな神経質食物繊維ゼロ系？　まあ、自分はモテ期まだなんでモテ期くる頃には身の振り方決めときまする。

男4　（そういえば）多々良さんて結婚ても売約済み？　でしたっけ？いやセクのハラス焼きに受け取られると、こっちサイドモワっぱら。

男4　確か多々良さんってもーパラ？　結婚てスカパラ？

男4　なんとなく多々良さんってすでにカピバラ？　テレ隠しパルタマ？　お弁当のりタマ？

男4　ここまでギャグでシュガーコーティングしてれば失礼には感じないくわばら。

女1　どこがシュガーコーティングなんだか分からないけど、とにかく不快な思いシュガーソウル私はソルトマッケンロー、ラブゲームで勝てる恋は遊びにもなりゃしまへん。

男2　演劇っぽくなってきたぞっと。ここらで戯曲には書かれていない深い部分まで潜った表現が立ち上がって挙手しだすぞ。音や光も例えば舞台美術でさえも舞台に立つ、表現を立ち上げる人間ができるはず。「ドッグマン脳ライフ」始まってます。

男2　演劇っぽくなってきたぞっと。ここらで戯曲には書かれていない深い部分まで潜った表現が立ち上がって挙手しだすぞ。音や光も例えば舞台美術でさえも舞台に立つ、表現を立ち上げる人間ができるはず。「ドッグマン脳ライフ」始まってます。

＊

男1　今自分は室内犬でゴホゴホ引きこもり八起き。奥さんは奥じゃなく前っつらからこの舞台を飛び出して違うステージへと奥さんから前ちゃんへ。毎朝一応前ちゃんと一緒に起きて前ちゃんが仕事に行くまではしゃきっとウコンの力とかを飲んでたりするけど前ちゃんが出かけちゃうともう自分舞台奥に引っ込む奥ちゃんな自分が照明のはずれたところにいる。前ちゃんは自分と一緒にいてハッピーターン？　前ちゃんは何を考えているか新人の奥ちゃんな自分は分からずに肉球をペロリペロリ。毛布を噛んだりしているうちにまたウトウトしてた。しゃきっとしなきゃヘパリーゼ飲もう。でも夫婦ってあんまり一緒の時間がない方が円満かな？　ベタベタなのもだしサラサラ過ぎてもだし、さじ加減、超ムズホームズ自分ドンブリ勘定だし。さじ加減、さしすせそのそってみそのそ？

男2　多々良さんのご主人様ってどんな方なんですか？　唐突に煙突でとっつーとっつー副都心線とか長くくっついてりゃいいってもんじゃないですよね、人身で一発アウトだし。埼玉まで渋谷から行けちゃえばジョンレノンミュージアムも苦渋をなめるのやめて甘いお汁粉すすってらーね。いまいちケビンベーコンが大物になりきれないのはベーコンっていう割にはどっちかっていうとあっさりさんだから？　映画、結構前の「インビジブル」もいまいちだったしベーコン。そんな事言ってツタヤでしか映画借りない映画館行かないインビジブルたあ俺の事さね。バイトしてないって言ってる役者って大体実家住まいでプチボンボン。俺バイト掛け持ち舞台はノーギャラ。作り笑顔に0円提示。多々良さんのご主人様ってどんな方なのですか？　回りくどくてくどくどアングリーナリンチ。

女4　あ、昨日仕事終わって遅番だったからそれで

女3　三輪さん昨日遅番だったんだ。今日早番で大変だね
女4　あ、そんで彼の家に横浜線？　横須賀線？　あれ何線だ？　千葉まで伸びてるやつ。それで
女3　ああ、横須賀線かな？　彼氏千葉の人なの？
女4　あ、ヤバチババチバチャバチバディズニー。チババチバチトラブルヤバチバディズニー。
女3　・・・・・。
女4　ディスティニーここで見てるよってストレートティー。千葉に着いてもう深夜12時半とか
女3　深夜って人によって捉え方違うよね。私にとっては12時半はまだ深くない夜かな
女4　あ、鉄平も仕事終わって帰宅してくるタイミン。で私もう上がり込んで飲んでるんだけど鉄平がコンビニとかで明太子パスタの大きいやつ
女3　あれ大きいよねー。割と女子ってペロリいく子多いよね。私もこないだ明太子じゃないけど
女4　鉄平って彼氏の名前なんだけど工場の仕事終わって鉄平コンビニ寄って明太子大きい。私もう飲んでる。
女3　どれくらい付き合ってるの？　って合鍵もらってるぐらいだから愚問
女4　あ、私もう飲んでても鉄平怒らない。パス

タシェアして でも私ゲームに熱中したいから

女3 満タンパスタやっぱシェアかー。早とちりの気持ちちりとりで片付けてキレイキレイ。

女4 あ、私ゲーム落ち着いて熱中したいから。でも久しぶりに会ってゲームとかやるなよとか鉄平言ってくるからコンセントレーションが乱れてきて

女3 ゲーム何やってる。私が持ってるのはたけしの挑戦状と百姓一揆かな。あとは

女4 あ、鉄平が週一で男の家来てRPGとか訳分かんないみたいな事言ってるのを右耳で聞きながら自分に左手ホイミ

女3 私は自分に鏡越しにラリホーやれないホー。

女4 あ、鉄平ロールプレイング中の私にロールプレイ申し込んできたりして仕方なくドラムロール。

女2 三輪さん昨日遅番だったんだ。今日早番で大変だね

女4 あ、そんで彼の家に横浜線?横須賀線?あれ何線だ? 千葉まで伸びてるやつ。それで

女2 ああ、横須賀線かな? 彼氏千葉の人なの?

女4 あ、ヤバチババチバチヤバチバディズニー。チバババチバチトラブルヤバチバディズニー。

女2 ・・・・・。

女4　ディスティニーここで見てるよってストレートティー。千葉に着いてもう深夜十二時半とか

女2　深夜って人によって捉え方違うよね。私にとっては十二時半はまだ深くない夜かな

女4　あ、鉄平も仕事終わって帰宅してくるタイミン。で私もう上がり込んで飲んでるんだけど鉄平がコンビニとかで明太子パスタの大きいやつ

女2　あれ大きいよねー。割と女子ってペロりいく子多いよね。私もこないだ明太子じゃないけど

女4　鉄平って彼氏の名前なんだけど工場の仕事終わって鉄平コンビニ寄って明太子大きい。私もう飲んでる。

女2　どれくらい付き合ってるの？　って合鍵もらってるぐらいだから愚問

女4　あ、私もう飲んでても鉄平怒らない。パスタシェアしてでも私ゲームに熱中したいから

女2　満タンパスタやっぱシェアかー。早とちりの気持ちちりとりで片付けてキレイキレイ。

女4　あ、私ゲーム落ち着いて熱中したいから。でも久しぶりに会ってゲームとかやるなよとか鉄平言ってくるからコンセントレーションが乱れてきて

女2　ゲーム何やってる。私が持ってるのはたけしの挑戦状と百姓一揆かな。あとは

女4　あ、鉄平が週一で男の家来てRPGとか訳

分かんないみたいな事言ってるのを右耳で聞きながら自分に左手ホイミ

女2　私は自分に鏡越しにラリホーやれないホー。

女4　あ、鉄平ロールプレイング中の私にロールプレイ申し込んできたりして仕方なくドラムロール。

女4　あ、お、も・・・。

男4　三輪さんここにいたんだ。探してたんだよ。

女4　あ、なんか用すか？

男4　いやねー。ちょっとねー。お客様の方から大切なアドバイスというか、平たく言うとクレームのボイスが届いてて、（別に）三輪さんがって事じゃないと思ふんだけど、いやねー。

女4　お、とりあえず今（心は）フラット聞いていいですか？　それとも当事者感覚？

男4　ねいやー。いやみんながね、他のキャストがね、お客様の大切な泡立てて言うとくそつまんねえクレームの着ボイス見てこれ三輪さんの事じゃないって小汚え笑い顔で言ってんの。

女4　も。私にクレーム？何ですか？今からちょっと責任感を強めて見た目にもわかるぐらい強めて話を聞くようにつとめます。今は休憩中ですけど。時間外。

男4　ぽいすー。改めて文言を述べますとお客様への対応？　まあもうちょっと細かく網の目すると言葉使い？　がちょっと狭いお客様のたてがみに触れたかなっていうね。

女4 ろ・・の言葉使い？ ゾウ使い？ 育ち盛りは食べ盛り。思い当たるふしぶしが無いのですが、関節。

男4 三輪さんまだこっち来て（間も）無いじゃない？ 実家ってひじの辺りでしょ？ 方言ていうの、まだ抜けてないやろうし。僕も方言が完全に消えるのに半年くらいはげにまっこともっこす。

女4 わ、方言自分あります？ 意識した事なかと。

男4 方言ていうか何か照れずに言うとね（テレ）一番最初に、あ、とか一文字必ず言うでしょ。それがね、狭いお客様の心をね、チャプンチャプンてさせるのかな？ ひょうたん。僕は何もチャプンチャプンてなんないけどな。

女4 あ、そんなこと私してます。してますか？

男4 ドイツー。何かの間違いだと思いたいんだけど、とりあえず気にとめて体にもとめておいてくれる？ まあお客様は表向き神様で本当は下水道だから。

女4 ま、とりあえずまだ気持ちをゴマ和えにせず無自覚な部分を出来るだけ自覚的にもう一度踊ってみます。かしこ。

女3 多々良さん多々良さんっていないか。じゃあタタータラータターターラー（ルパン三世のメロ）多々良さんの不思議な魅力って何だろう？別に愛想が（特）別にEわけじゃないし、見た目も私とどっこい×4ものいいついてすっとこ×4

コストコ？　ふんどし取れちゃったけど寄り切りで馬糞ウニの勝ち♡うわーザブトンすごい数。なのに多々良さんの方が私よりみんなからパリジュ（テーム）。レジとかやっててもお客さんみんな多々良さんのレジに並んでる。私も手招きとかするけど私のレジ人気ない。こうなりゃ手招きやめて全身で地引網って今日もボウズか。お客さんがみんなピン子に見えてフロイド。あー誰かの背骨と取り替えたい。背骨さえ新品になれば少しは多々良さんに近づけるのにな。こんな野良犬みたいな背骨じゃしこ名が馬糞ウニでも文句言えないか。どっこい×4　タタータラータタータラーくちびる（ルパン三世のメロ）

女2　私もていうか私は恋人とかいないって思われがちなんだけどどう見えてます？　ガチ？　どっち？　ベロだ。（ベロ）私だって彼氏くらいおりますよーだ。まあ腐れ縁で一回腐っちゃって八年くらい会わなかったけどまた醗酵して急にメールきて、びっくりして、でも八年のブランクも彼の絵文字しか書いてないメール見たら気付いたら私も私の体も8年前のあの頃のまま。パパ。私の絵文字は😎のとか😈なんだけど私も絵文字で返信した方がいいかな。普段絵文字とか使わない私だけど友達とか職場の人には了解。ってしか送った事がないし、でもでもね、アネモネ、あの人へのメールだったら😮とか😑とか送ってみようかな。ウヒョルン。あーなんか唾液がベタついてきたな。昨今は女子の方が肉食系なんでござる。あーヨダレ止まんない。（狂犬病かな？）

男2　最近自分微熱続きで体調が優れもので過去にない未体験ゾーンに突入onしてまして、多分にこれは恋心か末期癌だと思うんだけど恋心であればいいな。恋心に全額投資。アンサーちょっと待って。ちょっと待って待っててばおばあちゃん。職場のやっぱり皆さんも職場が多いでしょうかね？ 出会いがないもんね。恋愛っていつ火が点くのか、待ってって言ったよね。おばあちゃん。何か無い？ お母さん。最近職場で気になる子がいてさ。その子ちょっとトッポギでなかなかマッコリできないから女子ってお菓子？ 今ならスイーツっての？ 好きでしょ？ だからマカロンみたいなちっちゃいおはぎを家で作ってんだけど認知症のオハグロンが勝手に食べちゃって、お母さんもお前は本当に優しい子だよって勘違い決め込んでて、お母さんが泣いてておばあちゃんの目からも涙でそうそう見てる自分もええいこうなったらああもらうしかないよね

＊

男1　家内は外犬になって気のせいかイキイキしているように見えます。ケガのかさぶたか？室内犬向きじゃもともとなかったのかジュセヨ。反対に小生は実は元栓室内犬だったか？そういえば動物園等で人気のないポニーなどをじっとりとした目線で追いかける様なクソガキだったけな。こうして今風に言う引きこもりとかニートになってみるとずっとこうしたかったのかもと一人ごちつきま。明日の事なんて何にもなくて、子犬みたいに眠って。家内がパートから帰ってくるとなぜだか元気なのは一日体たらく休みっぱな子犬の自分より一日中外で野良犬達ちょうちょう半々してきた家内の方が元気そうや。輝いちゃう。気のせいか髪の色も明るいピュアブラウンていうの？ ノリカのやつに。どんどん外犬化していってる家内。内実は私はどんどん室内犬に。足が痩せてく毛深くなったか？

脚本
『ホールドミーおよしお』

男2
今あなたの目の前に立っている
私はどう見えていますか？

もちろん彼女はいませんし結婚もしていません。

年金も払っていません。

自炊も魚を焼くくらい。

あなたの目には私はどう見えていますか？宗教にも興味がありません。

政治の事もよくわかりません。

日本共産党にいつも投票していますがのきなみです。

月並みな言い方になりますが私の人生は今のところどろんこ道を牛歩しているような感覚です。あなたには私がどう見えていますか？私から変化するのではなくあなたの変化を待って私も少しずつ変化していく心づもりです。

その覚悟が私の、どろだらけ牛歩の私の唯一の特技というかライフワークの演劇という芸術に見えれば幸いです。

駄洒落少な目でごめんあそばれ。

男2
もうこの際今こんなだから自分から

どんどんメッセージを発信していかないとまずいと思うのでダンマリ決めないで色々言っていこうとニンマリ。常々私がホッペつねりながら思う事は他人との距離を間違えるあるいはハナっ柱からそんな事をまったく考えていない人達が増えています。と感じます。肌感覚って言えば多少ピンとかクル人もいますかな？　自分やっぱりそこんとこビンカンなもんで出会ってすぐとか出会い頭とか出会い系？とかまず無理なクチでみんなはけっこうパクチー？

みんなはけっこうパクチー？

男1
こうして肌が触れるのも何かの縁側。お久しぶりです。
ちょっとお遍路行ってましてて。

いえ別に何かまたやらかしたとかでは無いのですが細かくは想像に丸投げの内角でゲッツーです。

お遍路にも実は行ってません。

というかどこにも行ってないし何もしていません。

たまにるるぶをトイレで流し読みするぐらい。

とにかく最近は頭の中のお遍路が迷宮で頭の外で遠出などはもっての中。トイレでるるぶで寝かしつけるしか方法がありませんや。

たまに家を出ても自分ではない人が歩いていてその人は私の知り合いではないのにその人の物語に気持ちが引っ張りダコ。汗ダクの自分は油ダコ。

遠くからフェスのあばれダイコ

女2 - A
私の話をしてもいいですか？
いやいつも自分の話をしている訳ではありまへん。
いつもは誰かの話を右耳から左ワキへナナメに信

号わかりづらいからね、そこ押しボタンだし。（乳首）。ちょっと見ない間に雑草増えたねー。

鏡によっても見え方違ってくるしね。凹とか凸で。

言い訳、おすそ分け、ヨイトマケ。パケ放題。

こんな私だけどですが今日は今はこの時分は気使いピエロの私ですが酔っているわけでも、二杯ほどハイボールはお昼休みのランチ時に隠れていただきましたが酩酊しているわけではメーデー。

あれ、誰かの無線傍受しちった。２杯でもダメかー。ただただ自分の感度鈍らせたいだけなのにな。

鋭く濁っちまった。

誰かに話を聞かれてるようなカベにピッタリひざ小僧、障子に貼りつく前頭葉。

落ち着かない？ 半落ち？ 店変えます。

さすがに居酒屋じゃ喋りづらいやな。ドトールかタリーズにします？

え？ 飲みたい？ サイゼリアでデキャンタします？ メーデー。

男３

今年も夏はできるだけフェスに多く参戦したいと鼻息荒めの恋人いない粗挽きのアルトバイエルンです。

もうそろそろ年齢的にもソプラノ連れてフェスに参戦したいんでげすが
（中中（チューチュー））なかなか。

フェスで出会いでもあればいいんだけどだいだいキットカット系だし。

今年も気のおけない気の小さいポークビッツ達とフェスには参戦予定です。

だいたい泊まりのキャンプインフェスに参戦が好きなので車でポークビッツ４人くらいでピチャピチャ水溜りみたいな会話しながら会場まで気持ちをアゲていきます。

それぞれこの日のために顎髭を生やしてきたり入れ墨のシールを用意したり町では恥ずかしくて着れないようなボブマーリーみたいな服を着たり、なんじゃハロウィンみたいに鼻息荒めのポークビッツ達。

毎年思うけど現地までのこの時間が一番楽しいんだよな。

女2‐B

少し話をしてもいいですか？

自嘲気味に追い打ちをかけるように
輪をかけるように時を欠けるように
過去の二酸化炭素が刑事（デカ）のように
私を追います。もう逃げきれないか。

尾行されてるかな？　いつもより電柱が太って見えるんです。

ふふふ。メアド変えたって聞かれるんですけど32年変えてません。

シャムシェード・ソフトバンク・jpです。ふざけてません。2／3は不純？

何を言い出すんですか？人間という生物は自分のポテンシャルを最大限に発揮する事なく朽ちていきます。

1／3でも充分じゃないですか。ケンカを売ってきても買いませんよ。

また独房に逆戻りはごめんだーね。

この話全部つつぬけ？　っぽくない？

おののけもののけ個人情報ぬけぬけ、2／3は不純か。その通りかもな。

5／8と2／3は同じか、独房とここも同じか

男3

車内で助手席のアゴヒゲがＤＪ係。

アゴヒゲの選曲が四人の中では鉄板（ブタバラ）。

今年はアシッドなヴァニラアイスから始まって高速に入るころにあ四人が大好きなスマパンで一気に昇天。

怒髪天で笑天はさんで聞かせる系にいくのかと思わせてのペットショップボーイズ。スライダーズ、でちょっと泣き寝入り。ちょっとサービスエリアでブレイクしてドライバー交代してサバイブ。ここでDJがアゴヒゲからタトゥーにチェンジ。誰か運転代わってよ。

ここでボブマーリーが免許を持ってない事をカミングスーン。しかもアゴヒゲはペーパー林家。ただのみのタトゥーは免停の自己セルフメンテ中。

結局自分がバイエルンするしかないか。現地までとんだブレーメンだな。タトゥーに眠気覚ましの曲リクエスト。何故かタトゥーはキロロをチョイス。

後部座席ではボブマーリーとアゴヒゲがいびきでハモっている。フェスはこれだから楽しいよね。

男1

私の頭の中に真っ白い紙があってその紙には何も書かれていません。

雪のように白い白。そこに何を描くかは私次第。

雪の草原を走り抜けていく真っ黒な点。それが私という固形物です。

ポエトリーですみませ。最近何だか横になっても縦になっても
私の頭の中に身体の上に真っ白い紙が漂っていて
昔付き合ってた北海道出の女の子みたいにナマっ白い紙が常に私のそばにSPのように存在しています。自分は今トイレでるるぶを読んでいます。

気付けば北海道編。

呼ばれているのかニ?

イクラ私が身軽な紅鮭でもある程度は身重ですから荒海を渡りきれるかどうか（ドーバー）。濁流

に飲み込まれるのがオチか。とにかくあと何時間かしたらトイレを出て北海道の方角をまったりした目で見てみよう。イカしたアイデアがヒラメくかも。

男2
自分売れない役者やってるんですけど世間では役者イコール貧乏みたいな図式が岩海苔みたいにこびりつきのかぶりつきですけど、役者っていっても色々で真剣な顔で大声出したりいきなり歌い出したりわりと種類がありまして自分はどっちかというとキャラメルバコ系よりはブラックバス系かなあ。疑似餌だし。バイトやりながら役者やってるんすけどどっちも向いてなくて。他人と上手に付き合えないんだよなあ。だからキャバクラとか行っちゃうのかなあ。この前もキャバで女の子と話してて女の子がすごい話しやすくて前世は私達はどちらもイカやタコだったのよとかすごい×2勇気くれて うん明日もヤンバロウ
大きなえのきに来世なろう。現世はヒキガエルで我慢してやろう。
キャバの女の子の源氏名は海牛って言ってたかな。

男3
珍道中のポークビッツ達
なんとかフェス会場に着きました。
くうーやっぱいいね。寝てる三人を起こして最速テントを設営。お香を焚いて基地の完成。おっと慌ててTシャツからタンクトップに着替え。最初にTシャツで日焼けしちゃうとタンクトップ着た時に恥ずかしいからまずはタンクトップで焼いとけ。テケテケ。タトゥーのシール余ってる?絶対ナシだけどフェスではアリかな? サングラスで

目線を隠してギャルを確認。いますねニンニン。ビールでも飲まないなんて声をかけてみようか、うわ超コワ面の彼氏おるやん。あぶな。やっぱり男同士の方が気を使わないから楽でいいね

男3

なんでクーラーボックスの中発泡酒しか入ってないの？こんな時はビールでいいじゃん。フェスだよ。ハレとケだよ。タトゥーが車酔いが非道くてダウン。あご髭はコワ面のメンズにメンチきられたらしく肌荒れ覚悟であご髭をジョリジョリ。肌水使う？ボブマーリーはお腹を壊したらしくすでに姿は見えない。さらに山奥で穴を掘りポンヌフをキメているかもしれない。熊がたまに出るけど大丈夫かな？

それぞれのスタイルでのんびりフェスを楽しむ。遠くでは電撃ネットワークだろうか？それとも山鳴りかな。どうもテントの中でタトゥーが吐いたみたいだ。

それぞれのスタイルでのんびりフェスを楽しむ。

男2

自分バイト先のそれほど仲良くない同じバイトの男の人に音楽のフェスに誘われてこないだ。バイトの休憩中に。全然仲良くないからその人とは、ていうか誰とも。いきなり話しかけられて。休憩中に。ねえねえって。いつもイヤホンで音楽聞いてるよねって話しかけられて。音楽好きでしょ俺もって言われて。その時口の中に目いっぱい白米が入ってたから仕方なくうんってうなずいて。急いで白米咀嚼して。ゴクンて。ゴクミ。30回は口

の中で噛みたかったけど8回くらいで白米呑み込んで。あとは休憩中にイヤホンつけてるのは誰とも話をしたくないからでしかも聞いてるのアナウンサーの安住さんのラジオだし。ポッドキャストの。

え、ごめんもっかい最初からいい？ってお願いして話の最初からもう一回言ってもらっていい？

男2

だから音楽のフェスに今度一緒に行かない？いつも休憩中に音楽聞いてるよね？　音楽好きでしょ？　フェス行こうよ。あと免許持ってる？　運転できるやつ今急募。泊まりのキャンプインフェスだから。

ううん。テントとかキャンプに使うギヤは全部こっちが用意するから着替えとかあとは雨具はあった方がいいかな。だいたい山の方は天気がゴロゴロ変わるし。それもなんかこみでアガるんだけどもういいやっみたいな。

ヌレヌレで踊っちゃえみたいな。キャンプファイヤーで乾かしちゃえな。

長靴でビール飲んじゃえみたいな。スコールで体も洗っちゃえみたいな。

間違えて誰かのテント入っちゃえみたいな。それはそれで間違えてないか？

そういう楽しい事故もそれはそれでそれはそれで。

だから雨具は無くてもいいかもしんないね。それはそれでそれそれそれ

男2

あとは懐中電灯は必要かな。夜は山だし暗いし。

本当に町の暗さとはJリーグとプレミアリーグくらいの差があるし。あ、サッカー興味無し？えーじゃあ何で例えればいいかな。

少年隊だとわかりやすいかな。ヒガシとカッちゃんくらいの差とかの例えでアンダスタン？でもカッちゃんも捨てたもんじゃないしな。痩せたよねカッちゃん。

あれ少年隊のもう一人って誰だっけ？フッくん？違うなー。あいつはスシ食いねだしな。あ、ていうか北海道はお寿司うまいよー。食いねえ食いねえ。

カッちゃんどっか体悪いのかな？渡オニがストレスだったか。あ、俺らが行くフェスには少年隊は出ないよ。

ていうかガッつり音楽を聞くというよりは自然の中でゆったりそれぞれのスタイルでフェスを楽しむっていうのがたまらんのよね。お酒をチョビチョビ飲みつつ
まったりしつつ。ヨダレつつつ。

男3・5
それで僕なんですけど誰だって感じですよね？僕はなんていうか総称っていうかすべてなんですね。まあキメて言うと。キメずに言うとどこにでもいるやつって事です。どこにでもいそうなやつ。一回見ても記憶には残らない。だってあご髭も生えてないし。タトゥーもないし。ましてやボブマーリーみたいな格好もしてない。フェスに誘われて行ってもただの運転要員。または買い出し要員時には焚き木拾い要員。何か写真に全然写ってない。記憶の写真にも、もちろん。フェスで仲良くなったキットカット系の女子と4対4でこないだ白楽で会って飲んだんだけどキットカット系の女子から全然記憶ないんですけどー。あんた本当にフェスにいた？あご髭とタトゥーとボブマーリーしか記憶に無いんですけどー。
記憶アップデートしますか？しませーん。て言われて。

男3・5

そんな感じだからもう帰宅して家で録画してるダーウィンが来たでも見ようと思ってたらキットカット系の女子四人の中でもすこぶるキットカット系の子から帰っちゃうんですかー？　二次会行かないんですくわー？　って言われてえってちょっと前髪引っ張られて、じゃあ二次会行こうかなあ。なんてあわよくば願わくば好みじゃないがその八重歯ってか。

のこのこつちのこたぬきの子二次会に割り勘要員でトコトコ参加しちゃって。みなさんの想像通りですよ。

二次会ではキットカット八重歯は一度も僕に話しかけてこないし目線すらよこさないし話しかけても僕にしか聞こえない舌打ちを8ビートで・・・ん？　16か。トホホな割り勘要員。みなさんも自

信持って下さい。没個性だっていいじゃない。世界にひとつだけじゃない花。それが私たちワリカン要員です。

男3・5

やっぱりフェスって音楽すごい好きなミュージックフリークじゃないと楽しめないみたい。僕みたいな普通のコーンフレークじゃ上手く乗れないし。一回行けばもういいかな。でも全部がオールつまんなかったかと言うとそうでもなくて、一番びっくりしたのが泉谷しげるさんが歌ってて

僕 泉谷しげるさんて役者さんだと思ってたから。ドクターコトーとか泣いたし。

へー泉谷しげるさんてミュージシャンだったんだ。演技うまいじゃん。

がんばれよ、役者のやつら。なにミュージシャンに持ってかれてんだよ。

ミュージシャンが役者より演技うまけりゃ敵いっこないじゃん。歌って演技もできてモテるよな。役者ってモテないよな。
そういや友達の売れない役者の人もすこぶるレッドブルモテなそうだもんな。

男3・5

その売れない役者の友達が今年バイト先の人にフェスに誘われてるらしい。
こないだメールきて去年フェス行ってたよね？楽しかった？ みたいな意味の絵文字がきて。全然楽しいよ、女の子もいっぱいいるし、行ってきなよ。どうせ今だに彼女いないんでしょ？みたいな意味の絵文字返信して、で結局会って直接フェスの事とか色々もろもろ聞きたいって事で会う事にして、

そいつキャバクラよく行くから僕行った事ないからじゃあいい機会だからキャバクラ連れてってよって言ってそいつのかかりつけのウツボってキャバクラ行ってきて僕キャバクラ初めてだったんだけどフェスの何倍も楽しかったあ。フェスみたいに急に雨降らないし、メガネ踏まれないし、空から人が降ってこないし
野外でポンヌフしなくていいし。

男3・5

しかもびっくりしたのが去年フェスで会ってその後白楽で飲んだキットカット八重歯もそこで働いてて、まあキットカット八重歯は僕に全然気付いてなかったんだけど
今日はこっちが客だから強気でいけるぞと思って指名したの。そのお店ではしゃこ貝って名前みた

いでウイスキーの水割り飲みながら強気でしゃこちゃんとトークしてサイコロ振ったりビンタされたりメンチきられたりなんかキャバクラってフェスみたいだけどフェスより全然いいな。みんなが爆睡してるのに運転したり、慣れないテント張らされたり焚き木拾いに行かされたりしなくていいもんな。売れない役者の友達も一回フェスに行ってわかるだろう。

俺たちのフェスはここだという事が。

女2-C
私は少し酔っています。いいえアルコールは飲んぢゃいません。

酔っているのはこの舟の揺れのせいです。揺れてません？

あんまり揺れるもんで得意の背泳ぎキメちゃおうかと目論見してエアロビしゃいましよ。

揺れますね。この舟はしかし、ヨーソロー。

私の面舵。彼今だにアメカジ。クアトロでカジヒデキ。

私あの日車運転しててぶどうが丘までリンゴのホッペで水っ鼻たらしてたらしたんたんたんたらんとビートマシーンって。カローラ2で。

そしたら車が右に一右に。スクロールしだしてパンクかよって思ってカーステのピストルズ止めてカローラも止めてしたらパンクしてなくてああこの舟が揺れてるんだって。意識を早く安全な場所まで逃がさないと。勢いつけて離陸します。

リリックの世界に飛びこめセドリック。

女1　私地元が顎のちょい上あたりなんですけどだから寒い方で。あ、でも別にそこまで悲しいくらい寒い訳じゃなくて家とか室内ではタンクトップ一枚ですし。いろいろ勉強したくてこっちに下半身の方に引っ越してきたんです。でもこっちの方はやっぱり下腹部だから物価高いですねー。葉物はみんな高いし、刃物持ってる人は多いし。海産物も高くないですか？　もう二回死んでるみたいな魚が私の地元の顎の方では猫のご飯みたいな紅鮭がわおんなプライスだし。だんだん貯金も海底に近くなってきて。暮らしも。底辺×高さ÷2で。その時にこの仕事始めたんですけど。最初は慣れなくてテンパっちゃてお客さんの革靴食べちゃったり。机の下で寝ちゃったりして大目玉喰らったり、アワも喰っちゃったりもうちょっとで冷や飯寸前だったんです。

女1　今はだいぶ慣れてきてお客さんと楽しくお酒を飲んだりトークしたりサイコロ振ったり、友達紹介したりできるようになってきたんですけど。でもだいたいちょっとハロ酔いくらいでお店にみなさん来るから、ちょっと飲むとすぐヘロ酔いになって目が座って一回立ち上がって泳いでクロール？　あ、でも息継ぎクソ下手。また座って。ちょうちんあんこうみたいなしたり顔でパクパク愚痴ったり泥吐いたりかと思いきやおまえにこんな事言ってもわかんないかとかえそうにエラ張ったりして。でも仕事だからこっちも何にもわからないマンボウみたいな顔でカニかまくわえてるんですけど。私の源氏名は海牛っていうんですけど。こんな私でも指名してくれるお客様がいまして。売れない役者やってる男の人と職業はミュージシャンて言ってるんだけど一日の大半はトイレで過ごしてる男の人なんですけど。

女2-A
メーデーメーデー。すいません今戻りました。誰かの無線傍受しちゃって背骨の国道からアバラの県道まで原チャリで流してきました。誰かなー？ 何か覗かれてるみたいなぎこちない首の座り方だな。微笑でもするか。（しばし微笑。）

女2-B
微笑の似合う人減ったよなー。かき氷。

女2-B
あ、何気に最近めずい微笑の女だ！ 声をいや気持ちの固まりをクリープも混ぜてぶっけてみようか？ ちょっと量多いかな？ 1／3くらいでいっかな。

女2-C
この舟は揺れ続けて私も身体もノリ続けてわかるわかるって言われるけど私何も言ってない。身体揺らしてるだけ。リズム固まりに任せて。ちょっと固まりの量多いかな？ 2／3くらいでいっかな。

女2-A
笑は楽ではないけど身体が洗われるよう。禅みたいな感じなのかな。岩にめりこむかん高いセミのような汚い系のおじさん。猛烈な字余り。なんちゃって松尾微笑。

男1 私は今北海道の方に向けて意識を飛ばしています。下腹部の横浜ベイエリアから飛ばしていますのであごのちょっと上の方までは少少の時間が大大かかるかもしれんし、しらんし、もちょっとしれんしお。

よく行くカップル喫茶でトークする海牛という子の実家も下あごの方だとたしか言ってたな。そっちの方でもよおされる音楽のフェスへの出演オファーが空メールで届いた。久しぶりの大舞台。いつもはクラブ24からSTだし。

ただどんなに大きな舞台もメガネが涙でくもってお客さんがひとりでも千円でも関係ないんだけどね。

久しぶりのバンド編成でいくか。それとも怖い話とかを二つ三つ話すアコースティックバージョンでいくか。

とにかくトイレから出て北海道の方角をまったりした目で見てみよう。何かヒラメくかも。

男2 で結局フェスに行くって当日にそれまでずっと曖昧に返事してたんだけど魚の死んだ目で生返事くり返して

「フェス行くっしょ？　気持ちだんだんアガってきたっしょ？　スロースターター？　行くっしょ？　一速、二速、あがってきてるっしょ？　当日はシューマッハっしょ？」ってバイト先で会うたびに話しかけられて、

でも生返事くり返して、死んだ目で。生ハム30回くらい噛んで。

でも正直毎日のようにフェス行くっしょ?って言われ続けるとやつの口車に乗せられて我に返ってワンメーターで降りるけどだんだん徐々に自分の体も心も頭もワンメーターで降りたら悪いかななんて思い出してて気付けばグーグルでフェスに持っていく物とか検索勝手に右手がしてて左手はお留守番してて機械(メカ)がダメだから。

今日なんてやつの口車に乗って降りずに最寄り駅まで行っちゃったし。

男3・5
今あなたの目の前に立っている
私はどう見えていますか?

もちろん彼女はいませんし結婚もしていません。

年金も払っていません。

自炊も魚を焼くくらい。

あなたの目には私はどう見えていますか?宗教にも興味がありません。

政治の事もよくわかりません。

日本共産党にいつも投票していますがのきなみです。

月並みな言い方になりますが私の人生は今のところどろどろんこ道を牛歩しているような感覚です。あなたには私がどう見えていますか?私から変化するのではなくあなたの変化を待って私も少しずつ変化していく心づもりです。

その覚悟が私の、どろだらけ牛歩の私の唯一の特技というかライフワークの演劇という芸術に見えれば幸いです。

駄洒落少な目でごめんあそばれ。

脚本

『能を捨てよ体で生きる』

登場人物
男1
男2
男3
女1

男1
私の話はさておき。どうもこんちわ。話のひじおき。大事な話も少しすりゃ気持ちの物置き。お気遣いお気になさらず。目線ははるか沖へ。オキシドール。私はそういった人形（ドール）。恩着せがましく今日寒いからアウターは恩着ていくわ。気持ちはOFFってます。アウターは恩着てます。着ぶくれ。着ボイスブレブレ。
そんなブレヒトなコーヒーにはブライトの僕ですが
こう見えて聞き上手なんですよ。
今もこうしていつの間にかあなたの事をうつらうつら

つら。

ブライト少な目でついつい舟漕いじゃった。

目線はあなたへ。気持ちははるかちゃんへ沖を経由します。内海かな？

凪がめずらしくはなずらしく空気読んでるや。

ノット。いやノー。やっぱまだ脳身体。

男1
脳みそからの命令を無視して身体しょうゆのバリカタで
膝がふくみ笑いしてますけど続けさせてください。
まず順序だててもんじ（ゅ）（ゃ）すると脳みそからの命令やメールFAX、わん切り等は一切拒否します。
頭皮がざわつきだし前頭葉がセグウェイに乗りたそうに小脳をパシリに使おうと目尻を下げたり無理にシリに話しかけたり、身体が脳みその言いなりにならなければ頭の中で完結しようとしはじめます。そして身体が脳みその命令から解放されていきます。リポDを飲んだ時みたいに偽りのやる気が溢れて流れちゃって残ってなくて結局リポD飲まなきゃこんな往復ビンタを食らわずにすんだのに。曇り空。そんなオーバーヒート気味の煙が出てる私の身体ですが脳みそからの命令を無視した事で身体は燻製のようにうま味とエグ味と最後に鼻から抜ける淀み。

男2
自分は今までわりと恵まれた環境にいたなと思っていたのですがどこか仕組まれた環境とでも言いますか。

思うだけですけど。

最近はぶつぶつと疑問が湧いていや湧かないか。

例えば子供の頃に大きな人から人の話はよく聞く

ようにって言われて三十年くらいよく聞いて噛
んで感で過ごしてきたのですが。
みなさんに質問していいですか？任意なんで強制
じゃないんで。共生のための質問なので。他人の
話っておもしろいですか？
自分全然楽しめなくて。何かあるだろうと思って
がんばって噛んで聞くんですけど味もしないし奥
行きもないし、浅くて汚い。
だったらずっと漱石かなんか読んでたいよ。
ハネケとか見てたいよ。
太郎とか岡本したいよ。山本じゃないよ。
他人の話をよく噛んで聞けない私は
人間としてまだまだ坊ちゃんなのけ？

男2
人間としてまだまだ坊ちゃんな私ですがいつまで
もボウズじゃ食べていけません。

それで男としてはナマズのような私ですが泥まみ
れで申し訳たわけのたわしですが新しいステージ
に飛びこむ水の音でピチャペチャ喋りたいと思い
ます。
まず苦手な人を目の前にしても一歩も引かない。
相手の顔を見る。
さあこれから舌戦が始まるぞ。
しかし相手の方が強面の場合は舌だけでは分も母
も悪いので
団体戦でいく。目戦。鼻戦。口戦。耳戦。ちょっ
と自信が持てない。
完敗の香りがブルーマウンテン。でもそれも相手
の脳みそに負けてるだけで坊ちゃんの私の身体脳
みそには相手も草枕だろう。
勝負は彼岸過迄。自分の事も対岸の火事。あれだ
け願った悲願も
いつの間にかこれだけの明暗。

女1

耳なりが強くなる方へ歩いてきたらおざなりな私
の身体が脳みそが
ふたなりな状態で耳の中のベース音の言いなり。
もう耳だけじゃなくて目なり 口なり 鼻なり えな
り。
海鳴り聞きながらお祭りで取った金魚土手にて一
人逃すなり。
頭で考えないで動くって時々私いきなりやっちゃ
うんだー。
今日はお昼の休憩中にはるかとセブンのおいなり
パクついてたら
急に耳なりが鳴りはじめって店長に身内に不幸が
ありましてあなたの私にとっては身外にもどうか
不幸がありますようにってラインで送って、西松
屋のスタンプ四個ぐらい送って。それで携帯OF
Fって脳みそもアラームかけてOFFって音の鳴
る方へ歩いてきたら
ここに千鳥たどりおどり着いたんです。

男3

やっぱりおいら言葉と言葉じゃなくて身体と身体
で生きてきたから
今でゆうSNSたあ気味が悪いな。
身体が無いもの。言葉って身体が無きゃ言えねぇ
よ。
SNSは身体が無いもの。それじゃ踊れないよ。
劣れるけど。やっぱりおいら踊りてえや。
おいらドラマーじゃねえしヤクザでもねえけど。
ブランデーも飲めねえけど 建築だってそうだる？
設計した人は実際は家建てないもの。いろいろ言
うけど。演出家だってそうだ。実際やるのは役者
だもの。偉そうに学を垂れるならもっと顎を鍛え
ろってんだ。自分はやらないやろうとしないのに

ガクガク言うなっての。

腰骨おいらのと取り替えるぞっての。おみゃの骨盤で昔のLP回したるど。でも言葉が身体と一緒だったらうまくいくのかな。

学がないからわからねえな。酔えない夜はたいがい思考が顎関節症。

女1
私いつも脳みそからの命令で身体を操られてきたニャ。でも三十も過ぎて身体にも気持ちにも蕁麻疹が出てもう自分にも身体にも嘘をつけないぞという事で脳みその市役所まで免除申請に来ました。

脳みその市役所に来るのは何年ぶりかな？ 10年ぶりくらいか。

危険物取り扱いの資格取った時だ。今じゃ自分が危険物ってね。

市役所では色々な場所にたらい回しのどじょうすくい。えーと何あなたは脳みそからの命令を聞くのを免除したい？

それなら害虫課かな？ 害虫課に行けばそれは少子課かなあ？ カサブラン課かなあ？ イル課かなあ？ 結局ウォッ課という課で見ず知らずの窓際っていうかもう完全に建物の外みたいなおじさんの身の下話を延々とワンオンワンで浴びせられて。十七時までだからお役所は。ウォッ課のおじさんの誘いを断って土手沿いに歩いて自分の身体に寄り添いつつ帰宅してネットでウォッ課について調べました。

男3
おいら改め僕なんですけど他人によく冷たいって言われるんですね。どこが冷たいんだろう？

三十七度五分ぐらいはいつも微熱のビネガーだし。でも他人の話を聞く時にどうやって聞けばいいか今だにマニュアル作成できてなくて。胸トラップも下手だし。ボールは友達。他人の話はヤンキー。何か急に話しかけられて両肩つかまれてみぞおち小突かれて。嘘つかれて余計疲れて、出会いや別れで。取り憑かれて。そんなキツネ憑きの顔はキツツキの僕なんですけど傷つきやすくて。僕がリネカーだったらなあ。鳴り物入りで日本に来て一音も鳴らさずに平気でロンドンにドロンできるのになあ。僕みたいな板つきのキツツキのキツネ憑きじゃあな。曇り空。気持ちもどんどんロンドンUKになってきてギャラガー。友達はボールだけのこぶつきのカビ人間。季節は流れてでもここは曇り空。肉眼で見れる微生物の集落に僕は住んでいます。

男2

見た目地味滋味な変わりもののブロークバックマウンテンなんですけど、こないだもバイト先の社員と人悶着。知覚過敏で歯裸だし、ギターは歯で弾きたいしで、身体が咄嗟にチャックノリス。沈黙の要塞と化して、煙に巻いて時間も巻いて直帰。でも蒲団に潜ってもさっきのことが「お前シフトどうすんの?」頭の中をグルコサミン。でっかいサメが泳いでる。首がもう煮こごり。あー、山に逃げ籠もりたい。そり立つ壁、ゴリゴリ、ボルタリング決めこみたい。自分には身体しかないんですよ。服を着替えて布団to布団。自分の身体を登る。何があってもひたすら部屋で身体と向き合う。*

男1
えーとどこまで話ましたっけか？前頭葉がセグウェイあたりまではご鞭撻？ 脳みそからの命令を無視すると身体の自由度が上がるし体の年齢もゴッと若返ります。あ、またこむら返り。脳みそ今ごろ枕がえし。若返る俺の身体のとんぼ返り。くらやみ坂は俺しぐれ。
手が届きそうな曇り空。自分とうまくつき合えないんだよなあ。
妙にポジティブだったり、生姜にネガティブだったり。だからこのタイミングで脳みそからの命令を聞かない事にして身体は若く膝はグルコサミンが手放せませんが乾燥によりニベアも必須ですがチョコラBBで短時間ならCC.です。この世に生まれてこの期に及んでこのロクでなしが木の実ナナ似のデコッパチでして頭の中から頭の外へそして脳みそが身体のファクトリーでベルトコンベアーで形作られていきます。手作業です。いえ身体作業です。休憩いただきます。

男2
完敗の香りがスプラッシュマウンテンな私ですが少しづつ状況が飲みこめてきました。みんな他人の話なんか聞いちゃいない。こないだもバイト先の先輩とマウンテンデュー飲みながら話をしてたらていうか話がかみあってなくて先輩があるあるとかお前のボケわかりにくくて俺くらいじゃなきゃツっこめねえよとか会話が骨でいうと腰骨あたりのところまでくるとツっこんでくるんですよね。そしてちょっと目をはなすとスマホでゲームやってるんですよ。
ああひとりで山歩きマウンテンしたい。とかちょっとボーっとしてると先輩にずっと黙ってるっていう壮大なボケは俺相手以外にはやめとけよ。怒られるぞ。ニャハハ。って言われて。気付いたらマウントポジションで先輩の鎖骨やらを手刀でめちゃくちゃにたたいてて。先輩もやめろよ。何だよ。どんなボケなんだよ。ていうか何で鎖骨なんだよとか薄く笑いながら言ってて。

男1
休憩ありがとうございます。今戻りました。少しほっておいてくれれば自分のタイミングではっとしてグッとします。
だいぶ身体の自由度があがりまして背骨は今じゃ分度器です。憤怒する回数も減りましてね。時間の感覚も今じゃインドですわ。曇り空のロンドンはポンド。食べ物はフィッシュアンド俺アンドチップス。脳アンドボディー。身体はフォンドボー。そんな、煮込みの土手焼きな私ですが脳の命令に悩む若い子達には世話焼きの大文字焼きです。今までにたくさんの人形焼きを作ってきました。これからはもっとたくさんの踊れる人形焼きを作りたい。軽く目まい。バーティゴ。油断すると脳からの命令をWi-Fiみたいにキャッチしそうになる。でも無視してなんとかポンピドゥー。これからの若い子達には枠にはまらずに自由な人形焼きを焼いてほしい。
煮込みの土手には赤脳みそを使用しています。

女1
おどり着いた場所で耳なりの言いなりになったままめんたいこみたいなうき雲見てたらタラコくちびるの男の人がやって来て私と同じようにやっぱり耳なりの言いなりになってうめ干しみたいな昼間の月を見ています。二分後くらいにおかか昆布みたいな頭の男の人がやって来てやっぱりうめ干しを上くちびる舐めながら見ています。ちょっと迷ってタラコくちびるの人にあのーって言ったらどうぞって言われてよくわからないけどホッとしてあなんかいいなあ。みんなで昼間の月を見てこれが今流行の瞑想ってやつかな?今までの私人生迷走。迷歩。メソメソ。気付いたら泣いてた。
迷い泣き。
横向いたらおかか昆布も私からもらって迷い泣き。タラコくちびるは口からヨダレが華厳の滝。タラコくちびるとおかか昆布と私のトリオ編成のコンボ。鳴ってるサウンドはもち米の追い炊き。

男3
おどり着いた場所で耳なりの言いなりになったままめんたいこみたいなうき雲見てたらタラコくちびるの男の人がやって来て私と同じようにやっぱり耳なりの言いなりになってうめ干しみたいな昼間の月を見ています。2分後くらいにおかか昆布みたいな頭の男の人がやって来てやっぱりうめ干しを上くちびる舐めながら見ています。ちょっと迷ってタラコくちびるの人にあのーって言ったらどうぞって言われてよくわからないけどホッとしてあなんかいいなあ。みんなで昼間の月を見てこれが今流行の瞑想ってやつかな?今までの私人生迷走。迷歩。メソメソ。気付いたら泣いてた。
迷い泣き。
横向いたらおかか昆布も私からもらって迷い泣き。タラコくちびるは口からヨダレが華厳の滝。タラコくちびるとおかか昆布と私のトリオ編成のコンボ。鳴ってるサウンドはもち米の追い炊き。

男1
私の話はさておき。沖を目指すメザシ。はるかちゃんのかんざし。沖を越えていきます。内海から外海へ。内輪から外野へ。会話の種無し。あの金魚はお祭りに参加してた金魚か？ 水槽の水じゃ酔えないやな。 誰かの善意は私への悪意。

男３
僕あらためおいらたがためチルドレンなんですけど。なんでも今チルド。試合はコールド。レンジで加熱するミトコンドリア。 みなさまに気づかれないように変化していきます。 この地球は黴から始まった事をお忘れか？

男２
私は今まで脳からの命令に体を操られてきたワン。でもこれからは目なり鼻なり口なり言いなりにならずに自分の身体脳みそで海老反りしたい。 不自由の鎌足じゃなく自由な人形焼きになりたい。居酒屋でイカ納豆を注文して誰にも渡さずに一人で食べきりたい。
胃が痛い。キリキリ。土佐犬のようなやつらの中でストロベリーショートケーキのような私は前歯が立たない。奥歯は殴られてもう無い。犬と洋菓子じゃ絵に書いた土地だ。きりたんぽ。焚火にあたる体の前の部分は暖かい。夜気にあたる背後の体が息を飲む。前の方が酒を呑む。意味を失う。土に書く餅のようだ。

＊二五五頁下段のセリフは、山縣が依頼して、俳優・矢野昌幸が書いたものです。

山縣太一（やまがた・たいち）1979年生まれ。横浜市出身。伊東市在住。演劇ユニット《オフィスマウンテン》主宰。作家、演出家、振付家、俳優、ダンサー。2001年よりチェルフィッチュに参加。ダンサーの手塚夏子に師事。チェルフィッチュでは各作品において自身の振り付けを行い、中心メンバーとしてチェルフィッチュを牽引。2019年3月7日、正式に脱退。話し合いの末、自身の出演した作品において上演する権利を獲得。2007年以降、大谷能生との演劇ユニット《ライン京急》でも活動。その後、2015年より《オフィスマウンテン》を始動。音楽 / 批評の大谷能生氏を主演に迎え、これまでに全4作品を上演。『ドッグマンノーライフ』（2016）が第61回岸田國士戯曲賞最終候補、『ホールドミーおよしお』（2017）が第17回AAF戯曲賞最終候補にノミネート。創造都市横浜における若手芸術家育成助成 クリエイティブ・チルドレン・フェローシップアーティスト。俳優とのフラットな作品作りを模索し、俳優が能動的に作品に関わるためのワークショップを継続的に行うなど様々な角度から俳優の地位向上を訴えている。

大谷能生（おおたに・よしお）1972年生まれ。八戸市出身。横浜市在住。音楽（サックス、エレクトロニクス、作編曲、トラックメイキング）／批評（ジャズ史、20世紀音楽史、音楽理論など）。山縣太一作・演出・振付のオフィスマウンテン作品『海底で履く靴には紐がない』『ドッグマンノーライフ』『ホールドミーおよしお』（「2017/Co Rich 舞台芸術まつり」にて演技賞受賞）では主演を務めた。室伏鴻、チェルフィッチュ、マームとジプシーなど、これまで50本以上の舞台作品の音楽を担当。吉田アミとの「吉田アミ、か、大谷能生」では朗読／音楽／文学的実験を行う。音楽作品に『Jazz Abstractions』『Jazz Alternative』（ともにBlacksmoker）『舞台のための音楽2』（HEADS）、『乱暴と待機』（相対性理論と大谷能生名義）など。自身のジャズ・プロジェクトMJQTの他、sim、JazzDommunisters、蓮沼執太フィルなど多くのバンドに参加。著書に『貧しい音楽』（月曜社）『持ってゆく歌、置いてゆく歌—不良たちの文学と音楽』（エスクァイアマガジンジャパン）『ジャズと自由は手を取って（地獄に）行く』（本の雑誌社）『平岡正明論』（Pヴァイン）『平成日本の音楽の教科書』（新曜社）他。菊地成孔との共著に『M／Dマイルス・デューイ・デイヴィスIII世研究（上・下）』（ともに河出文庫）他多数。

＊本書は、2019年2月15日〜17日における山縣太一と大谷能生の対話を中心に、これまでの演劇作品制作の中で交わされたやりとりを加え、大谷能生が構成したものである。

＊写真
『海底で履く靴には紐がない』（ダブバージョン）＝マツオカナ
『ドッグマンノーライフ』『ホールドミーおよしお』『能を捨てよ体で生きる』＝松本和幸
『三月の5日間』（オリジナル版）＝Arata Mino

＊オフィスマウンテンメンバー
横田僚平、中野志保実、岡田勇人、萩庭真、馬場祐之介、桜井圭介、山縣由紀子
また、オフィスマウンテン作品の主演は大谷能生、音響は牛川紀政が担当し、すべての作品を急な坂スタジオで創作、STスポットで上演しています。

身体《ことば》と言葉《からだ》

2019年5月15日　初版第1刷発行

著　者　山縣太一
　　　　大谷能生
発行者　塩浦 暲
発行所　株式会社　新曜社
101-0051　東京都千代田区神田神保町 3-9
Tel: 03-3264-4973　Fax: 03-3239-2958
e-mail: info@shin-yo-sha.co.jp
URL: http://www.shin-yo-sha.co.jp/
ブックデザイン　祖父江 慎＋根本 匠（cozfish）
印刷・製本　中央精版印刷株式会社

Printed in JAPAN　ISBN 978-4-7885-1612-0 C0095